アプリ

たったの72パターンでこんなに話せる日本語

英語、スペイン語、ポルトガル語、フランス語版

徳山隆 著

音声データについて

本書の「日本語　基本の基本！」、および Part I と Part II の日本語フレーズを収録しています。

①【ASUKALA】アプリで再生

下記にアクセスして明日香出版社の音声再生アプリ【ASUKALA】をインストールすると、ダウンロードした音声を再生できます。

②音声データをダウンロード

音声データ（mp3 形式）をダウンロードできます。パソコン、携帯端末でアクセスしてください。

https://www.asuka-g.co.jp/dl/isbn978-4-7569-2292-2

※音声の再生には、mp3 ファイルを再生できる機器などが必要です。ご使用の機器、音声再生ソフトなどに関する技術的なご質問はメーカーにお願い致します。音声ダウンロードサービスは予告なく終了することがあります。

※図書館ご利用者も音声をダウンロードしてご使用できます。

はじめに

こんにちは！

「日本語で気軽にもっと話したい」
「自然に日常の会話フレーズが言えるようになりたい」

日本語を学んでいる多くの方がこのように感じていると思います。
この『たったの 72 パターンでこんなに話せる日本語』では、日常会話でよく使われる「パターン」をピックアップしました。タイトルの通り、72 個のパターンで、基本的な会話は本当にできるのです。

どの言語にも必ず「文型」（パターン）があります。フレーズの暗記ではなく、**きちんと「文型」（パターン）を理解することにより、あとは単語を入れ替えるだけで、会話のバリエーションを広げることができます。**

「Part I　これだけは !! 絶対覚えたい重要パターン 21」では、基本的な会話のパターンを学びます。そして「応用」では、それぞれの否定パターンと疑問パターンを学ぶことができます。

そして「Part II　使える！ 頻出パターン 51」では、日常会話の幅を広げることができるように、身近なシーンでよく使う表現を学びます。

「基本フレーズ」「基本パターンで言ってみよう！」「応用パターン」の各フレーズの漢字にルビをふってあり、ローマ字読みも表記しています。
また、各フレーズに英語・スペイン語・ポルトガル語・フランス語の訳をつけていますので、これから日本語を学ぶ方も理解しやすい内容です。

72 パターンを学ぶことによって、日本語の基礎が身につくように工夫しています。音声をダウンロードして、日本語の発音を聞きながら、皆さんも練習してみてください。

まずはこの本を使って、いろいろなシーンで話してみてください。そして日本の人たちとの会話をぜひ楽しんでください。本書が皆さんのお役に立てるように願っています。

徳山 隆

目次

絶対覚えたい重要パターン21

頻出パターン51

＜付録＞

・よく使う動詞のリスト
・よく使う形容詞のリスト
・よく使う敬語（尊敬語、謙譲語）
・物の数え方
・基本単語
・日本の 47 都道府県、主な都市
・日本人に多い名字

日本語（にほんご）の「ひらがな」（平仮名（ひらがな））

a		i		u		e		o	
あ	a	い	i	う	u	え	e	お	o
か	ka	き	ki	く	ku	け	ke	こ	ko
さ	sa	し	shi	す	su	せ	se	そ	so
た	ta	ち	chi	つ	tsu	て	te	と	to
な	na	に	ni	ぬ	nu	ね	ne	の	no
は	ha	ひ	hi	ふ	hu	へ	he	ほ	ho
ま	ma	み	mi	む	mu	め	me	も	mo
や	ya			ゆ	yu			よ	yo
ら	ra	り	ri	る	ru	れ	re	ろ	ro
わ	wa							を	wo
ん	n								

が	ga	ぎ	gi	ぐ	gu	げ	ge	ご	go
ざ	za	じ	zi	ず	zu	ぜ	ze	ぞ	zo
だ	da	ぢ	ji	づ	zu	で	de	ど	do
ば	ba	び	bi	ぶ	bu	べ	be	ぼ	bo
ぱ	pa	ぴ	pi	ぷ	pu	ぺ	pe	ぽ	po

-ya		-yu		-yo	
きゃ	kya	きゅ	kyu	きょ	kyo
しゃ	sha	しゅ	shu	しょ	sho
ちゃ	cha	ちゅ	chu	ちょ	cho
にゃ	nya	にゅ	nyu	にょ	nyo
ひゃ	hya	ひゅ	hyu	ひょ	hyo
みゃ	mya	みゅ	myu	みょ	myo
りゃ	rya	りゅ	ryu	りょ	ryo

-ya, -a		-yu, -u		-yo, -o	
ぎゃ	gya	ぎゅ	gyu	ぎょ	gyo
じゃ	ja	じゅ	ju	じょ	jo
びゃ	bya	びゅ	byu	びょ	byo
ぴゃ	pya	ぴゅ	pyu	ぴょ	pyo

日本語（にほんご）の「カタカナ」（片仮名（かたかな））

a	i	u	e	o
ア a	イ i	ウ u	エ e	オ o
カ ka	キ ki	ク ku	ケ ke	コ ko
サ sa	シ shi	ス su	セ se	ソ so
タ ta	チ chi	ツ tsu	テ te	ト to
ナ na	ニ ni	ヌ nu	ネ ne	ノ no
ハ ha	ヒ hi	フ hu	ヘ he	ホ ho
マ ma	ミ mi	ム mu	メ me	モ mo
ヤ ya		ユ yu		ヨ yo
ラ ra	リ ri	ル ru	レ re	ロ ro
ワ wa				ヲ wo
ン n				

ガ ga	ギ gi	グ gu	ゲ ge	ゴ go
ザ za	ジ zi	ズ zu	ゼ ze	ゾ zo
ダ da	ヂ ji	ヅ zu	デ de	ド do
バ ba	ビ bi	ブ bu	ベ be	ボ bo
パ pa	ピ pi	プ pu	ペ pe	ポ po

-ya	-yu	-yo
キャ kya	キュ kyu	キョ kyo
シャ sha	シュ shu	ショ sho
チャ cha	チュ chu	チョ cho
ニャ nya	ニュ nyu	ニョ nyo
ヒャ hya	ヒュ hyu	ヒョ hyo
ミャ mya	ミュ myu	ミョ myo
リャ rya	リュ ryu	リョ ryo

-ya, -a	-yu, -u	-yo, -o
ギャ gya	ギュ gyu	ギョ gyo
ジャ ja	ジュ ju	ジョ jo
ビャ bya	ビュ byu	ビョ byo
ピャ pya	ピュ pyu	ピョ pyo

◎ 日本語(にほんご) 基本(きほん)の基本(きほん)！ ◎

Track 1

●代名詞(だいめいし)（daimeishi）

		English	Spanish	Português	French
私（わたし）	watashi	I	yo	eu	je
あなた	anata	you	tú	você	tu, vous
彼（かれ）	kare	he	él	ele	il
彼女（かのじょ）	kanojo	she	ella	ela	elle

私たち（わたしたち）	watashitachi	we	nosotros, nosotras	nós	nous
あなたたち	anatatachi	you	vosotros, vosotras	vocês	vous
彼ら（かれら）	karera	they	ellos	eles	ils
彼女ら（かのじょら）	kanojora	they	ellas	elas	elles

これ	kore	this	éste, ésta	isto	ce
それ	sore	it	ése, ésa	isso	ce
あれ	are	that	aquél, aquélla	aquilo	ce

ここ	koko	here	aquí	aqui	ici
そこ	soko	there	ahí	aí	là
あそこ	asoko	over there	allí	ali	là-bas

●方向（houkou）

右（みぎ）	migi	right	derecha	direita	droite
左（ひだり）	hidari	left	izquierda	esquerda	gauche
東（ひがし）	higashi	east	este	leste	est
西（にし）	nishi	west	oeste	oeste	ouest
南（みなみ）	minami	south	sur	sul	sud
北（きた）	kita	north	norte	norte	nord

●位置（ichi）

上（うえ）	ue	over, upper	arriba	em cima	sur
下（した）	shita	below, under	debajo	embaixo	sous
外（そと）	soto	outside	afuera	fora	dehors
中（なか）	naka	inside	interior	dentro	dans

●疑問詞（gimonshi）

何（なに）	nani	what	qué	o que	quel
誰（だれ）	dare	who	quién	quem	qui
いつ	itsu	when	cuándo	quando	quand
どこ	doko	where	dónde	onde	où
どうして、なぜ	doushite, naze	why	por qué	por que	pourquoi
いくつ	ikutsu	how many	cuántos	quantos	combien
いくら	ikura	how much	cuánto	quanto	combien
どれくらい	dorekurai	how far	cuánto	quanto	combien
どうやって	douyatte	how	cómo	como	comment

Track 3

一日（ichinichi）

朝　（あさ）	asa	morning	mañana	manhã	matin
昼　（ひる）	hiru	daytime	tarde	tarde	jour
夕方（ゆうがた）	yugata	evening	atardecer	entardecer	soir
夜　（よる）	yoru	night	noche	noite	nuit

午前（ごぜん）	gozen	a.m.	mañana	manhã	matin
正午（しょうご）	shougo	noon	mediodía	meio-dia	midi
午後（ごご）	gogo	p.m.	tarde	tarde	après-midi

朝食（ちょうしょく）	choushoku	breakfast	desayuno	café da manhã	petit déjeuner
昼食（ちゅうしょく）	chushoku	lunch	almuerzo	almoço	déjeuner
夕食（ゆうしょく）	yushoku	supper, dinner	cena	jantar	diner

Track 4

日（hi）

今日（きょう）	kyou	today	hoy	hoje	aujourd'hui
昨日（きのう）	kinou	yesterday	ayer	ontem	hier
おととい	ototoi	the day before yesterday	anteayer	anteontem	avant-hier
明日（あした、あす）	ashita, asu	tomorrow	mañana	amanhã	demain
あさって	asatte	the day after tomorrow	pasado mañana	depois de amanhã	après-demain
毎日（まいにち）	mainichi	every day	diariamente	todos os dias	chaque jour

週（shu）

今週（こんしゅう）	konshu	this week	esta semana	esta semana	cette semaine
先週（せんしゅう）	senshu	last week	la semana pasada	semana passada	la semaine dernière
来週（らいしゅう）	raishu	next week	la próxima semana	semana que vem	la semaine prochaine
毎週（まいしゅう）	maishu	every week	cada semana	todas as semanas	chaque semaine

月（tsuki）

今月（こんげつ）	kongetsu	this month	este mes	este mês	mois
先月（せんげつ）	sengetsu	last month	el mes pasado	mês passado	le mois dernier
来月（らいげつ）	raigetsu	next month	el próximo mes	mês que vem	le mois prochain
毎月（まいつき）	maitsuki	every month	cada mes	todos os meses	chaque mois

年（toshi）

今年（ことし）	kotoshi	this year	este año	este ano	cette année
去年（きょねん）	kyonen	last year	el año pasado	ano passado	l'année dernière
来年（らいねん）	rainen	next year	el próximo año	ano que vem	l'année prochaine
毎年（まいとし）	maitoshi	every year	anualmente	todos os anos	chaque année

四季（shiki）

春（はる）	haru	spring	primavera	primavera	printemps
夏（なつ）	natsu	summer	verano	verão	été
秋（あき）	aki	autumn, fall	otoño	outono	automne
冬（ふゆ）	huyu	winter	invierno	inverno	hiver

Track 6

●曜日（youbi）

月曜日（げつようび）	getsuyoubi	Monday	Lunes	segunda-feira	lundi
火曜日（かようび）	kayoubi	Tuesday	Martes	terça-feira	mardi
水曜日（すいようび）	suiyoubi	Wednesday	Miércoles	quarta-feira	mercredi
木曜日（もくようび）	mokuyoubi	Thursday	Jueves	quinta-feira	jeudi
金曜日（きんようび）	kinyoubi	Friday	Viernes	sexta-feira	vendredi
土曜日（どようび）	doyoubi	Saturday	Sábado	sábado	samedi
日曜日（にちようび）	nichiyoubi	Sunday	Domingo	domingo	dimanche

Track 7

●数字（suji）

1	いち	ichi	11	じゅういち	juichi
2	に	ni	12	じゅうに	juni
3	さん	san	13	じゅうさん	jusan
4	し	shi	14	じゅうし	jushi
5	ご	go	15	じゅうご	jugo
6	ろく	roku	16	じゅうろく	juroku
7	なな	nana	17	じゅうなな	junana
8	はち	hachi	18	じゅうはち	juhachi
9	きゅう	kyu	19	じゅうきゅう	jukyu
10	じゅう	ju	20	にじゅう	niju

※　7「しち（shichi）」、17「じゅうしち（jushichi）」、19「じゅうく（juku）」とも言います。

30	さんじゅう	sanju	300	さんびゃく	sanbyaku
40	よんじゅう	yonju	400	よんひゃく	yonhyaku
50	ごじゅう	goju	500	ごひゃく	gohyaku
60	ろくじゅう	rokuju	600	ろっぴゃく	roppyaku
70	しちじゅう	shichiju	700	ななひゃく	nanahyaku
80	はちじゅう	hachiju	800	はっぴゃく	happyaku
90	きゅうじゅう	kyuju	900	きゅうひゃく	kyuhyaku
100	ひゃく	hyaku	1000	せん	sen
200	にひゃく	nihyaku	2000	にせん	nisen

10000	（1万）	いちまん	ichiman
100000	（10万）	じゅうまん	juman
1000000	（100万）	ひゃくまん	hyakuman
10000000	（1000万）	いっせんまん	issenman
100000000	（1億）	いちおく	ichioku
1000000000000	（1兆）	いっちょう	icchou

Track 8

●時間(じかん)の言(い)い方(かた)（jikan no iikata）

1時	いち じ	ichi ji	7時	しち じ	shichi ji
2時	に じ	ni ji	8時	はち じ	hachi ji
3時	さん じ	san ji	9時	く じ	ku ji
4時	よ じ	yo ji	10時	じゅう じ	ju ji
5時	ご じ	go ji	11時	じゅういち じ	juichi ji
6時	ろく じ	roku ji	12時	じゅうに じ	juni ji

Track 9

●月(つき) (tsuki)

1月	いち がつ	ichi gatsu	7月	しち がつ	shichi gatsu
2月	に がつ	ni gatsu	8月	はち がつ	hachi gatsu
3月	さん がつ	san gatsu	9月	く がつ	ku gatsu
4月	し がつ	shi gatsu	10月	じゅう がつ	ju gatsu
5月	ご がつ	go gatsu	11月	じゅういち がつ	juichi gatsu
6月	ろく がつ	roku gatsu	12月	じゅうに がつ	juni gatsu

Track 10

●日(ひ)にち (hinichi)

1日	ついたち	tsuitachi
2日	ふつか	hutsuka
3日	みっか	mikka
4日	よっか	yokka
5日	いつか	itsuka
6日	むいか	muika
7日	なのか	nanoka
8日	ようか	youka
9日	ここのか	kokonoka
10日	とうか	touka
11日	じゅういち にち	juichi nichi
12日	じゅうに にち	juni nichi
13日	じゅうさん にち	jusan nichi

14日	じゅうよっか	juyokka
15日	じゅうご にち	jugo nichi
16日	じゅうろく にち	juroku nichi
17日	じゅうしち にち	jushichi nichi
18日	じゅうはち にち	juhachi nichi
19日	じゅうく にち	juku nichi
20日	はつか	hatsuka
21日	にじゅういち にち	nijuichi nichi
22日	にじゅうに にち	nijuni nichi
23日	にじゅうさん にち	nijusan nichi
24日	にじゅうよっか	nijuyokka
25日	にじゅうご にち	nijugo nichi
26日	にじゅうろく にち	nijuroku nichi
27日	にじゅうしち にち	nijushichi nichi
28日	にじゅうはち にち	nijuhachi nichi
29日	にじゅうく にち	nijuku nichi
30日	さんじゅう にち	sanju nichi
31日	さんじゅういち にち	sanjuichi nichi

Part I

これだけは!!
絶対覚えたい重要パターン21

これは～です

Track 11

Kore wa ～ desu

〔Basic Phrase、Frase básica、Frase básica、Phrases de base〕

これは プレゼント です。

Kore wa purezento desu

〔E〕This is a gift. 〔S〕Esto es un regalo.

〔P〕Isto é um presente. 〔F〕C'est un cadeau.

「これは～です」は、近(ちか)くにある物(もの)、持(も)っている物(もの)を説明(せつめい)し、「あれは～です」は、離(はな)れたところにある物(もの)を説明(せつめい)する表現(ひょうげん)です。

〔English〕 "Kore wa ~ desu" is an expression that explains something that is close by. "Are wa ~ desu" is an expression that explains something that is over there.

〔Spanish〕 "Kore wa ~ desu" es una expresión que explica sobre algo que está cerca o se tiene cerca, "Are wa ~ desu" explica sobre algo que está alejado.

〔Português brasileiro〕 "Kore wa ~ desu" é usado para apontar algo que está próximo, enquanto "Are wa ~ desu" indica algo afastado.

〔French〕 "Kore wa ~ desu" est une expression pour désigner quelque chose de proche, alors qu' "Are wa ~ desu" exprime quelque chose à distance.

●基本(きほん)パターン● 〔Basic Pattern、Patrón básico、Padrão básico、Forme affirmative〕

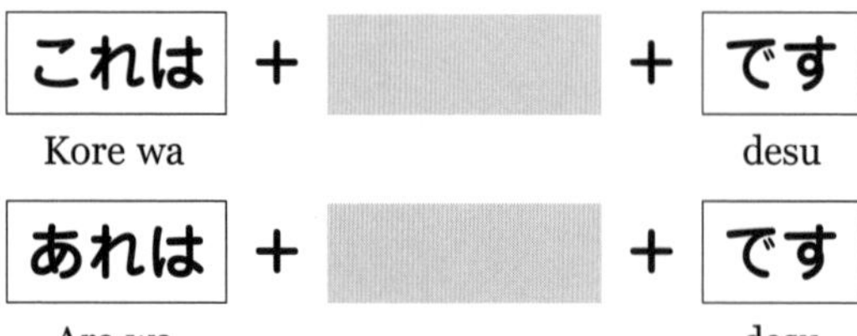

基本パターンで言ってみよう!

これは **おみやげ** です。

Kore wa omiyage desu

〔E〕This is a souvenir.
〔S〕Esto es un recuerdo.
〔P〕Isto é um souvenir.
〔F〕C'est un souvenir.

これは **私の かばん** です。

Kore wa watashi no kaban desu

〔E〕This is my bag.
〔S〕Ésta es mi maleta.
〔P〕Esta é a minha bolsa.
〔F〕C'est mon sac.

これは **私の 住所** です。

Kore wa watashi no jusho desu

〔E〕This is my address.
〔S〕Ésta es mi dirección.
〔P〕Este é o meu endereço.
〔F〕C'est mon adresse.

これは **私の 電話番号** です。

Kore wa watashi no denwa bangou desu

〔E〕This is my telephone number.
〔S〕Éste es mi número de teléfono.
〔P〕Este é o meu número de telefone.
〔F〕C'est mon numéro de téléphone.

あれは **駅** です。

Are wa eki desu

〔E〕That is a station.
〔S〕Aquello es una estación.
〔P〕Aquela é a estação.
〔F〕C'est la gare.

あれは **富士山** です。

Are wa fujisan desu

〔E〕That is Mt. Fuji.
〔S〕Aquello es el Monte Fuji.
〔P〕Aquele é o monte Fuji.
〔F〕C'est le Mont Fuji.

※〔E〕〔S〕〔P〕〔F〕の文はそれぞれ英語、スペイン語、ポルトガル語、フランス語の文です。

応用(おうよう)

●否定(ひてい)パターン● 〔Negative pattern、Patrón en negativo、Padrão de negação、Forme négative〕

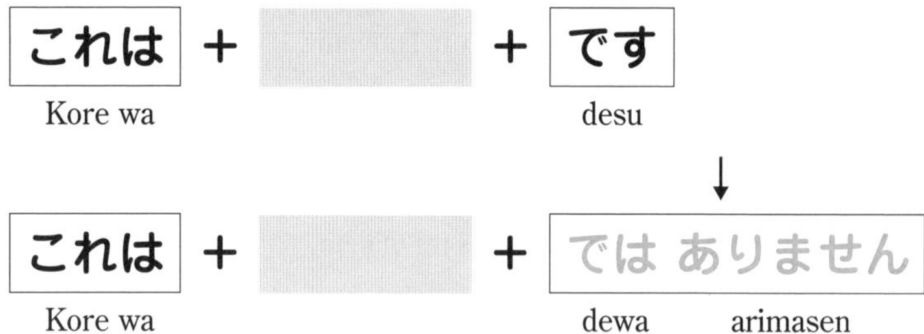

これは おみやげ ではありません。
Kore wa omiyage dewa arimasen

〔E〕This isn't a souvenir.
〔S〕Esto no es un recuerdo.
〔P〕Isto não é um souvenir.
〔F〕Ce n'est pas un souvenir.

これは 私(わたし)の かばん ではありません。
Kore wa watashi no kaban dewa arimasen

〔E〕This isn't my bag.
〔S〕Ésta no es mi maleta.
〔P〕Esta não é a minha bolsa.
〔F〕Ce n'est pas mon sac.

これは 私(わたし)の 住所(じゅうしょ) ではありません。
Kore wa watashi no jusho dewa arimasen

〔E〕This isn't my address.
〔S〕Ésta no es mi dirección.
〔P〕Este não é o meu endereço.
〔F〕Ce n'est pas mon adresse.

これは 私(わたし)の 本(ほん) ではありません。
Kore wa watashi no hon dewa arimasen

〔E〕This isn't my book.
〔S〕Éste no es mi libro.
〔P〕Este não é o meu livro.
〔F〕Ce n'est pas mon livre.

●疑問パターン●

〔Interrogative pattern、Patrón en interrogativo、Padrão interrogativo、Forme interrogative〕

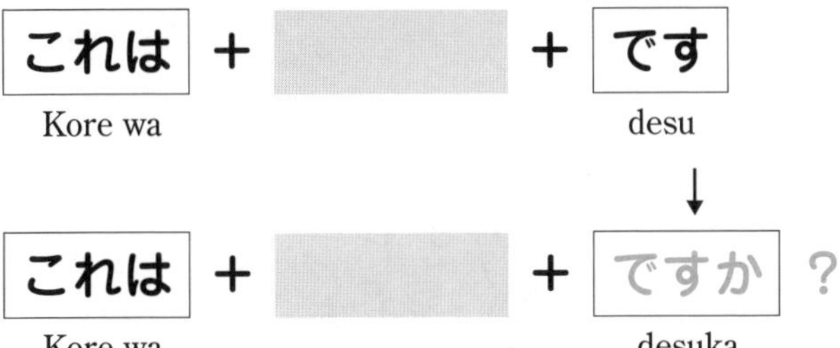

これは おみやげ ですか？

Kore wa omiyage desuka

〔E〕Is this a souvenir?
〔S〕¿Es esto un recuerdo?
〔P〕Isto é um souvenir?
〔F〕Est-ce que c'est un souvenir?

これは あなたの かばん ですか？

Kore wa anata no kaban desuka

〔E〕Is this your bag?
〔S〕¿Es ésta tu maleta?
〔P〕Esta é a sua bolsa?
〔F〕Est-ce que c'est ton sac?

あれは 駅 ですか？

Are wa eki desuka

〔E〕Is that a station?
〔S〕¿Es aquello la estación?
〔P〕Aquela é a estação?
〔F〕Est-ce bien la gare?

答え方

はい、そうです。

Hai soudesu

〔E〕Yes, it is.
〔S〕Sí, lo es.
〔P〕Sim, é.
〔F〕Oui, c'est ça.

いいえ、違います。

Iie chigaimasu

〔E〕No, it isn't.
〔S〕No, no lo es.
〔P〕Não, não é.
〔F〕Non, ce n'est pas ça.

私(わたし)は～です

Track 12

Watashi wa ~ desu

〔Basic Phrase、Frase básica、Frase básica、Phrases de base〕

私(わたし)は 学生(がくせい) です。

Watashi wa gakusei desu

〔E〕I'm a student.
〔S〕Soy estudiante.
〔P〕Eu sou estudante.
〔F〕Je suis étudiant / étudiante.

「私(わたし)は～です」は、自分(じぶん)のこと（名前(なまえ)、職業(しょくぎょう)など）を話(はな)すときの表現(ひょうげん)です。

〔English〕	"Watashi wa ~ desu" is an expression to talk about your name and occupation, etc.
〔Spanish〕	"Watashi wa ~ desu" es una expresión para hablar sobre uno mismo (nombre, ocupación, etc.).
〔Português brasileiro〕	"Watashi wa ~ desu" é usada para se referir a si mesmo (nome, profissão, etc.).
〔French〕	"Watashi wa ~ desu" est une expression utilisée pour parler de soi. (Nom, travail, etc.)

〔Basic Pattern、Patrón básico、Padrão básico、Forme affirmative〕

Watashi wa desu

基本(きほん)パターンで言(い)ってみよう!

私(わたし)は ナム・フォン です。
Watashi wa Nam Fon desu

〔E〕I'm Nam Phong.
〔S〕Soy Nam Phong.
〔P〕Eu sou Nam Phong.
〔F〕Je m'appelle Namu Fon.

私(わたし)は 会社員(かいしゃいん) です。
Watashi wa kaishain desu

〔E〕I'm an office worker.
〔S〕Soy miembro de una compañía.
〔P〕Eu sou funcionário/a de uma empresa.
〔F〕Je suis un(e) employé(e) de bureau.

彼(かれ)は アメリカ人(じん) です。
Kare wa amerikajin desu

〔E〕He's American.
〔S〕Él es americano.
〔P〕Ele é americano.
〔F〕Je suis américain / américaine.

彼女(かのじょ)は 医者(いしゃ) です。
Kanojo wa isha desu

〔E〕She's a doctor.
〔S〕Ella es médico.
〔P〕Ela é médica.
〔F〕Elle est médecin.

父(ちち)は 教師(きょうし) です。
Chichi wa kyoushi desu

〔E〕My father is a teacher.
〔S〕Mi padre es profesor.
〔P〕Meu pai é professor.
〔F〕Mon père est professeur.

私(わたし)たちは 友(とも)だち です。
Watashitachi wa tomodachi desu

〔E〕We are friends.
〔S〕Somos amigas/-os.
〔P〕Nós somos amigos.
〔F〕Nous sommes ami(e)s.

応用

●否定パターン●

〔Negative pattern、Patrón en negativo、Padrão de negação、Forme négative〕

私は 学生 ではありません。

Watashi wa gakusei dewa arimasen

〔E〕I'm not a student.

〔S〕No soy estudiante.

〔P〕Eu não sou estudante.

〔F〕Je ne suis pas étudiant(e).

私は 会社員 ではありません。

Watashi wa kaishain dewa arimasen

〔E〕I'm not an office worker.

〔S〕No soy miembro de una compañía.

〔P〕Eu não sou funcionário/a de uma empresa.

〔F〕Je ne suis pas un(e) employé(e) de bureau.

彼は アメリカ人 ではありません。

Kare wa amerikajin dewa arimasen

〔E〕He isn't American.

〔S〕Él no es americano.

〔P〕Ele não é americano.

〔F〕Il n'est pas américain.

父は 教師 ではありません。

Chichi wa kyoushi dewa arimasen

〔E〕My father isn't a teacher.

〔S〕Mi padre no es profesor.

〔P〕Meu pai não é professor.

〔F〕Mon père n'est pas un professeur.

●疑問(ぎもん)パターン●

〔Interrogative pattern、Patrón en interrogativo、Padrão interrogativo、Forme interrogative〕

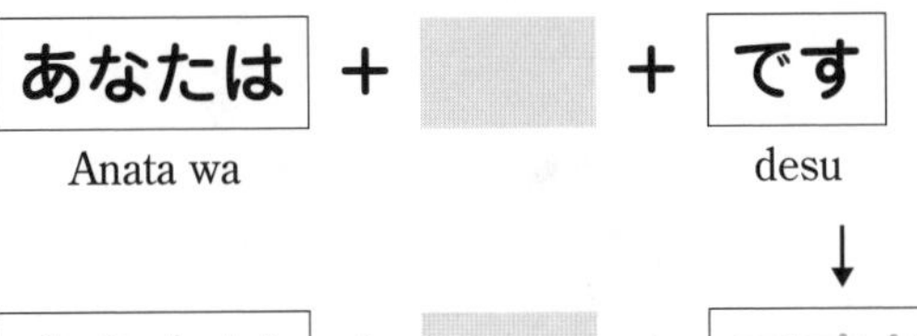

あなたは ＋ ＋ です
Anata wa desu

↓

あなたは ＋ ＋ ですか ？
Anata wa desuka

あなたは 学生(がくせい) ですか？
Anata wa gakusei desuka

〔E〕Are you a student?
〔S〕¿Eres estudiante?
〔P〕Você é estudante?
〔F〕Est-ce que tu es étudiant(e)?

彼(かれ)は アメリカ人(じん) ですか？
Kare wa amerikajin desuka

〔E〕Is he American?
〔S〕¿Es él americano?
〔P〕Ele é americano?
〔F〕Est-ce qu'il est américain?

彼女(かのじょ)は 医者(いしゃ) ですか？
Kanojo wa isha desuka

〔E〕Is she a doctor?
〔S〕¿Es ella médico?
〔P〕Ela é médica?
〔F〕Est-ce qu'elle est médecin?

答(こた)え方(かた)

はい、そうです。
Hai soudesu

〔E〕Yes, she is.
〔S〕Sí, lo es / soy.
〔P〕Sim, sou/é.
〔F〕Oui, il l'est / elle l'est.

いいえ、違(ちが)います。
Iie chigaimasu

〔E〕No, she isn't.
〔S〕No, no lo es / soy.
〔P〕Não, não sou/é.
〔F〕Non, il ne l'est pas / elle ne l'est pas.

3 ～は…です（1）

Track 13

～ wa ... desu

〔Basic Phrase、Frase básica、Frase básica、Phrases de base〕

私（わたし）は うれしいです。

Watashi wa　ureshii desu

〔E〕I'm glad.　〔S〕Estoy contento/-a.

〔P〕Eu estou contente.　〔F〕Je suis heureux / heureuse.

「～は…です」は、主語（しゅご）（人物（じんぶつ）など）の様子（ようす）、状態（じょうたい）などを表（あらわ）します。

〔English〕 "～ wa ... desu" is an expression to explain the subject (person, etc.)'s feelings or conditions.

〔Spanish〕 "～ wa ... desu" es una expresión para explicar las emociones o estado del sujeto (persona, etc.).

〔Português brasileiro〕 "～ wa ... desu" é usada para indicar o estado ou a condição do sujeito (pessoa, etc.).

〔French〕 "～ wa ... desu" est une expression utilisée pour décrire l' état du sujet (personne, etc.) ou sa situation.

〔Basic Pattern、Patrón básico、Padrão básico、Forme affirmative〕

wa　desu

基本パターンで言ってみよう!

彼は やさしいです。

Kare wa yasashii desu

〔E〕He's kind.
〔S〕Él es amable.
〔P〕Ele é gentil.
〔F〕Il est gentil.

彼女は かわいいです。

Kanojo wa kawaii desu

〔E〕She's cute.
〔S〕Ella es linda.
〔P〕Ela é graciosa.
〔F〕Elle est mignonne.

彼女は 元気です。

Kanojo wa genki desu

〔E〕She's fine.
〔S〕Ella está bien.
〔P〕Ela está bem.
〔F〕Elle va bien.

祖父は 80 才です。

Sofu wa hachijussai desu

〔E〕My grandfather is 80 years old.
〔S〕Mi abuelo tiene 80 años.
〔P〕O meu avô tem 80 anos.
〔F〕Mon grand-père a 80 ans.

田中さんは 大家さんです。

Tanakasan wa oyasan desu

〔E〕Mr. Tanaka is a landlord.
〔S〕Tanaka es el propietario.
〔P〕O Sr. Tanaka é um locador.
〔F〕Monsieur Tanaka est le propriétaire.

子供は 無料です。

Kodomo wa muryou desu

〔E〕Children are free.
〔S〕Es gratis para los niños.
〔P〕Há gratuidade para crianças.
〔F〕C'est gratuit pour les enfants.

応用(おうよう)

●否定(ひてい)パターン● 〔Negative pattern、Patrón en negativo、Padrão de negação、Forme négative〕

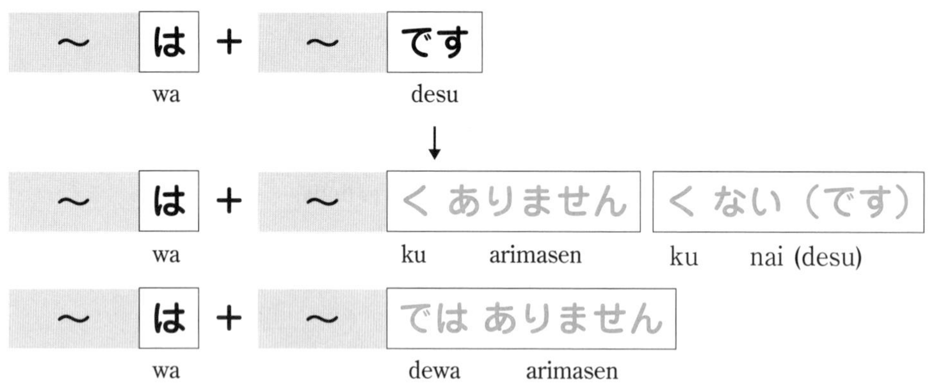

私(わたし)は うれしくありません。

Watashi wa ureshiku arimasen

〔E〕 I'm not happy.
〔S〕 No estoy contento/-a.
〔P〕 Eu não estou contente.
〔F〕 Je ne suis pas heureux / heureuse.

彼(かれ)は やさしくない（です）。

Kare wa yasashiku nai (desu)

〔E〕 He isn't kind.
〔S〕 Él no es amable.
〔P〕 Ele não é gentil.
〔F〕 Il n'est pas gentil.

彼女(かのじょ)は 元気(げんき)ではありません。

Kanojo wa genki dewa arimasen

〔E〕 She's not fine.
〔S〕 Ella no está bien.
〔P〕 Ela não está bem.
〔F〕 Elle ne va pas bien.

田中(たなか)さんは 大家(おおや)さんではありません。

Tanakasan wa oyasan dewa arimasen

〔E〕 Mr. Tanaka isn't a landlord.
〔S〕 Tanaka no es el propietario.
〔P〕 O Sr. Tanaka não é um locador.
〔F〕 Monsieur Tanaka n'est pas le propriétaire.

子供(こども)は 無料(むりょう)ではありません。

Kodomo wa muryou dewa arimasen

〔E〕 Children aren't free.
〔S〕 No es gratis para los niños.
〔P〕 Não há gratuidade para crianças.
〔F〕 Ce n'est pas gratuit pour les enfants.

●疑問パターン●

〔Interrogative pattern、Patrón en interrogativo、Padrão interrogativo、Forme interrogative〕

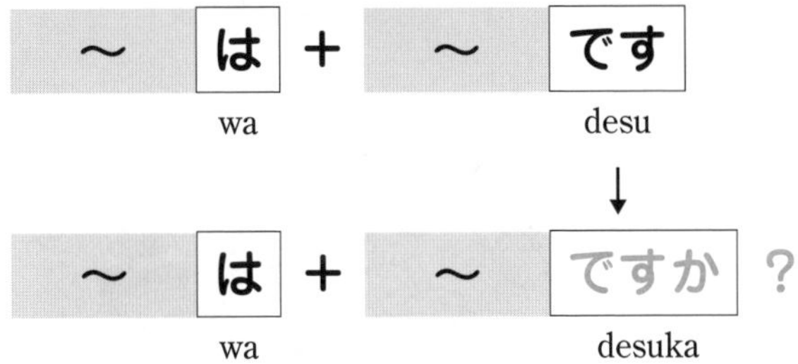

あなたは うれしいですか？

Anata wa ureshii desuka

〔E〕Are you happy?
〔S〕¿Estás contento/-a?
〔P〕Você está contente?
〔F〕Est-ce que tu es content(e)?

彼（かれ）は やさしいですか？

Kare wa yasashii desuka

〔E〕Is he kind?
〔S〕¿Es él amable?
〔P〕Ele é gentil?
〔F〕Est-ce qu'il est gentil?

彼女（かのじょ）は 元気（げんき）ですか？

Kanojo wa genki desuka

〔E〕Is she fine?
〔S〕¿Está ella bien?
〔P〕Ela está bem?
〔F〕Est-ce qu'elle va bien?

田中（たなか）さんは 大家（おおや）さんですか？

Tanakasan wa oyasan desuka

〔E〕Is Mr. Tanaka a landlord?
〔S〕¿Es Tanaka el propietario?
〔P〕O Sr. Tanaka é um locador?
〔F〕Est-ce que Monsieur Tanaka est le propriétaire?

子供（こども）は 無料（むりょう）ですか？

Kodomo wa muryou desuka

〔E〕Are children free?
〔S〕¿Es gratis para los niños?
〔P〕Há gratuidade para crianças?
〔F〕Est-ce que c'est gratuit pour les enfants?

～は…です（2）

Track 14

～ wa ... desu

〔Basic Phrase、Frase básica、Frase básica、Phrases de base〕

日本料理(にほんりょうり)は おいしいです。

Nihon ryouri wa　　oishii desu

〔E〕Japanese food is delicious.　〔S〕La comida japonesa está rica.

〔P〕A comida japonesa é gostosa.　〔F〕La cuisine japonaise est bonne.

「～は…です」は、主語(しゅご)（物(もの)・事柄(ことがら)など）の様子(ようす)、状態(じょうたい)などを表(あらわ)します。

〔English〕	"~ wa ... desu" is an expression to explain the subject (object or thing, etc.)'s conditions.
〔Spanish〕	"~ wa ... desu" es una expresión para explicar la condición o estado del sujeto (objetos o cosas, etc.).
〔Português brasileiro〕	"~ wa ... desu" é usada para indicar o estado ou a condição do sujeito (objetos, assuntos, etc.).
〔French〕	"~ wa ... desu" exprime la condition dans laquelle est le sujet (personne, objet, etc.).

〔Basic Pattern、Patrón básico、Padrão básico、Forme affirmative〕

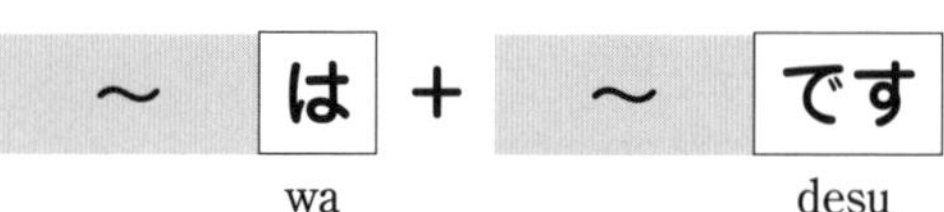

wa　　desu

基本パターンで言ってみよう!

その部屋は 広いです。

Sono heya wa hiroi desu

〔E〕The room is spacious.
〔S〕Esa habitación es amplia.
〔P〕Esse quarto é espaçoso.
〔F〕Cette chambre est spacieuse.

この映画は おもしろいです。

Kono eiga wa omoshiroi desu

〔E〕This movie is interesting.
〔S〕Esta película es divertida / interesante.
〔P〕Este filme é interessante.
〔F〕Ce film est drôle.

その道は 狭いです。

Sono michi wa semai desu

〔E〕The road is narrow.
〔S〕Ese camino es estrecho.
〔P〕Essa rua é estreita.
〔F〕Cette rue est étroite

あの川は きれいです。

Ano kawa wa kirei desu

〔E〕That river is beautiful.
〔S〕Aquel río está limpio.
〔P〕Aquele rio é bonito.
〔F〕Cette rivière est sublime.

この薬は 苦いです。

Kono kusuri wa nigai desu

〔E〕This medicine is bitter.
〔S〕Esta medicina es amarga.
〔P〕Este remédio é amargo.
〔F〕Ce médicament est amer.

ここは 3 階です。

Koko wa san gai desu

〔E〕This is the third floor.
〔S〕Ésta es la 3ª. Planta.
〔P〕Este é o terceiro andar.
〔F〕C'est le 3eme étage ici.

応用

●否定パターン●

〔Negative pattern、Patrón en negativo、Padrão de negação、Forme négative〕

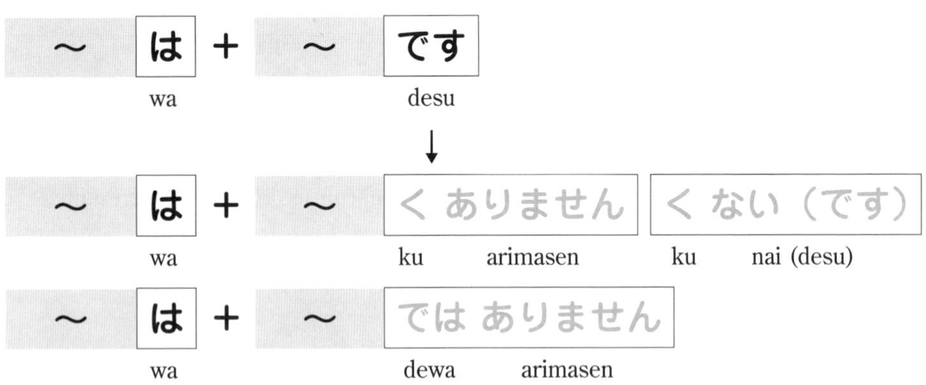

その部屋は 広くありません。

Sono heya wa hiroku arimasen

〔E〕The room isn't spacious.
〔S〕Esa habitación no es amplia.
〔P〕Esse quarto não é espaçoso.
〔F〕Cette chambre n'est pas spacieuse.

この映画は おもしろくありません。

Kono eiga wa omoshiroku arimasen

〔E〕This movie isn't interesting.
〔S〕Esta película no es divertida / interesante.
〔P〕Este filme não é interessante.
〔F〕Ce film n'est pas drôle.

それは おいしくない（です）。

Sore wa oishiku nai (desu)

〔E〕It's not delicious.
〔S〕Eso no está rico.
〔P〕Isso não é gostoso.
〔F〕Ce n'est pas bon.

この薬は 苦くない（です）。

Kono kusuri wa nigaku nai (desu)

〔E〕This medicine isn't bitter.
〔S〕Esta medicina no es amarga.
〔P〕Este remédio não é amargo.
〔F〕Ce médicament n'est pas amer.

ここは ３階ではありません。

Koko wa san gai dewa arimasen

〔E〕This isn't the third floor.
〔S〕Ésta no es la 3ª. Planta.
〔P〕Este não é o terceiro andar.
〔F〕Ce n'est pas le 3eme étage ici.

●疑問パターン●

〔Interrogative pattern、Patrón en interrogativo、Padrão interrogativo、Forme interrogative〕

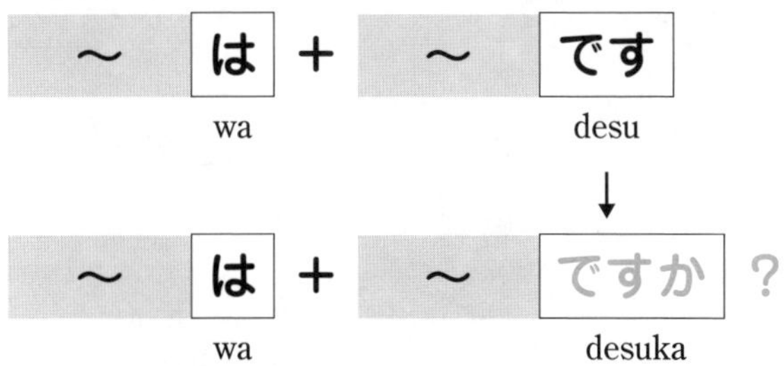

その部屋は 広いですか？

Sono heya wa hiroi desuka

〔E〕Is the room spacious?
〔S〕¿Es amplia esa habitación?
〔P〕Esse quarto é espaçoso?
〔F〕Est-ce que cette chambre est spacieuse?

この映画は おもしろいですか？

Kono eiga wa omoshiroi desuka

〔E〕Is this movie interesting?
〔S〕¿Es divertida / interesante esta película?
〔P〕Este filme é interessante?
〔F〕Est-ce que ce film est drôle?

それは おいしいですか？

Sore wa oishii desuka

〔E〕Is it delicious?
〔S〕¿Está rico eso?
〔P〕Isso é gostoso?
〔F〕Est-ce que c'est bon?

渋谷は 近いですか？

Shibuya wa chikai desuka

〔E〕Is Shibuya nearby?
〔S〕¿Está Shibuya cerca?
〔P〕Shibuya é perto?
〔F〕Est-ce que Shibuya est proche?

ここは 3 階ですか？

Koko wa san gai desuka

〔E〕Is this the third floor?
〔S〕¿Es ésta la 3ª. Planta?
〔P〕Este é o terceiro andar?
〔F〕Est-ce que c'est le 3eme étage ici?

5 ～は…にいます、～がいます

Track 15

～ wa … ni imasu, ～ ga imasu

基本フレーズ〔Basic Phrase、Frase básica、Frase básica、Phrases de base〕

彼は 家に います。

Kare wa ie ni imasu

〔E〕He's at home.
〔S〕Él está en casa.
〔P〕Ele está em casa.
〔F〕Il est à la maison.

「～は…にいます」「～がいます」は、人や動物が存在することを表します。

〔English〕 "～ wa ... ni imasu" "～ ga imasu" are expressions to explain that a person or animal exists.

〔Spanish〕 "～ wa ... ni imasu" "～ ga imasu" expresan la existencia de personas o animales.

〔Português brasileiro〕 "～ wa ... ni imasu" "～ ga imasu" são usadas para indicar a presença de uma pessoa ou de um animal.

〔French〕 "～ wa ... ni imasu" "～ ga imasu" sont des expressions utilisées pour marquer la présence d'une personne ou d'un animal.

●基本パターン●〔Basic Pattern、Patrón básico、Padrão básico、Forme affirmative〕

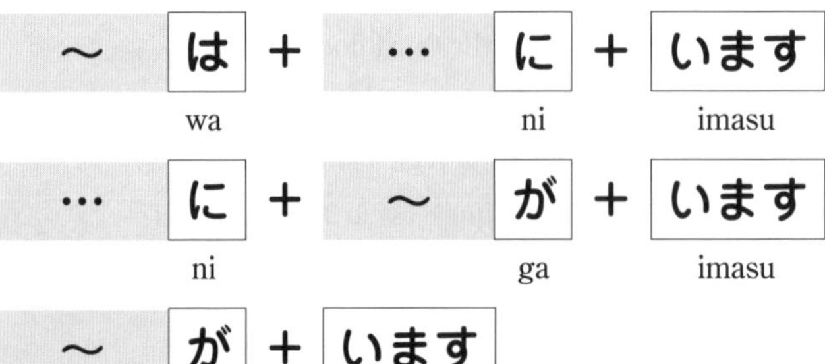

～ は + … に + います
wa ni imasu

… に + ～ が + います
ni ga imasu

～ が + います
ga imasu

基本パターンで言ってみよう!

私は 今 会社に います。

Watashi wa ima kaisha ni imasu

〔E〕I'm in the office now.
〔S〕Ahora estoy en la empresa.
〔P〕Eu estou na empresa agora.
〔F〕Je suis à la compagnie, maintenant.

彼女は その教室に います。

Kanojo wa sono kyoushitsu ni imasu

〔E〕She's in the classroom.
〔S〕Ella está en esa aula.
〔P〕Ela está nessa sala de aula.
〔F〕Elle est dans cette classe.

我が家に ネコが います。

Wagaya ni neko ga imasu

〔E〕We have a cat in our house.
〔S〕Yo tengo un/-a gato/-a en casa.
〔P〕Nós temos um gato em casa.
〔F〕Il y a un chat chez moi.

姉が います。

Ane ga imasu

〔E〕I have an older sister.
〔S〕Tengo hermana (mayor).
〔P〕Eu tenho uma irmã mais velha.
〔F〕J'ai une sœur.

好きな人が います。

Sukina hito ga imasu

〔E〕I have someone I like.
〔S〕Hay alguien que me gusta.
〔P〕Eu tenho alguém que gosto.
〔F〕J'ai un amoureux / une amoureuse.

恋人が います。

Koibito ga imasu

〔E〕I have a lover.
〔S〕Tengo un amor.
〔P〕Eu tenho um/a namorado/a.
〔F〕J'ai un copain / une copine.

応用（おうよう）

●否定パターン●（ひてい）

〔Negative pattern、Patrón en negativo、Padrão de negação、Forme négative〕

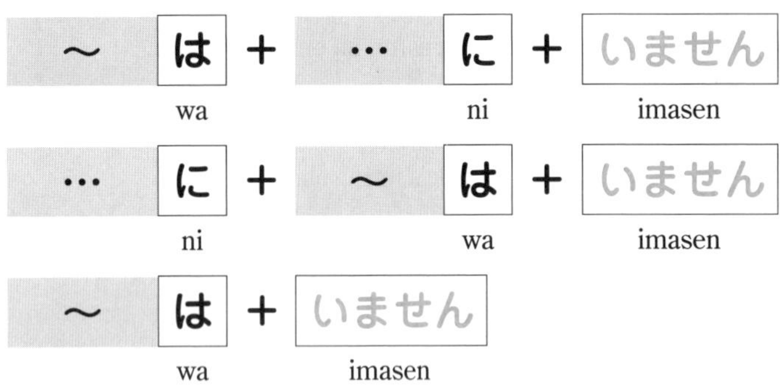

彼（かれ）は 家（いえ）に いません。

Kare wa ie ni imasen

〔E〕He's not at home.
〔S〕Él no está en casa.
〔P〕Ele não está em casa.
〔F〕Il n'est pas à la maison.

私（わたし）は 今（いま）、会社（かいしゃ）に いません。

Watashi wa ima kaisha ni imasen

〔E〕I'm not in the office now.
〔S〕Ahora no estoy en la empresa.
〔P〕Eu não estou na empresa agora.
〔F〕Je ne suis pas à la compagnie, maintenant.

この動物園（どうぶつえん）に パンダは いません。

Kono doubutsuen ni panda wa imasen

〔E〕There are no pandas in this zoo.
〔S〕No hay pandas en este zoo.
〔P〕Não há pandas neste zoológico.
〔F〕Il n'y a pas de pandas dans ce zoo.

きょうだいは いません。

Kyoudai wa imasen

〔E〕I don't have siblings.
〔S〕No tengo hermanos.
〔P〕Eu não tenho irmãos.
〔F〕Je n'ai pas de frères et sœurs.

恋人（こいびと）は いません。

Koibito wa imasen

〔E〕I don't have a lover.
〔S〕No tengo ningún amor.
〔P〕Eu não tenho um/a namorado/a.
〔F〕Je n'ai pas de copain / copine.

●疑問パターン●

〔Interrogative pattern、Patrón en interrogativo、Padrão interrogativo、Forme interrogative〕

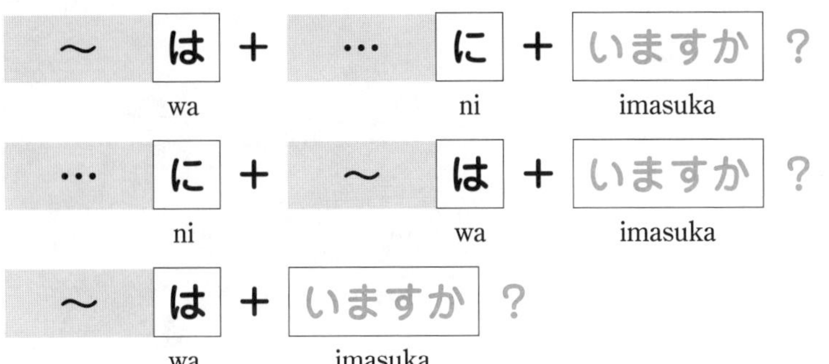

彼は 家に いますか？
Kare wa ie ni imasuka

〔E〕Is he at home?
〔S〕¿Está él en casa?
〔P〕Ele está em casa?
〔F〕Est-ce qu'il est à la maison?

あなたは 今、会社に いますか？
Anata wa ima kaisha ni imasuka

〔E〕Are you in the office now?
〔S〕¿Estás en la empresa ahora?
〔P〕Você está na empresa agora?
〔F〕Est-ce que tu es à la compagnie en ce moment?

その教室に 彼女は いますか？
Sono kyoushitsu ni kanojo wa imasuka

〔E〕Is she in the classroom?
〔S〕¿Está ella en esa aula?
〔P〕Ela está nessa sala de aula?
〔F〕Est-ce qu'elle est dans cette classe?

きょうだいは いますか？
Kyoudai wa imasuka

〔E〕Do you have siblings?
〔S〕¿Tienes hermanos?
〔P〕Você tem irmãos?
〔F〕Est-ce que vous avez des frères et sœurs?

恋人は いますか？
Koibito wa imasuka

〔E〕Do you have a lover?
〔S〕¿Tienes algún amor?
〔P〕Você tem um/a namorado/a?
〔F〕Est-ce que vous avez un copain ou une copine?

～は…にあります、～があります

Track 16

～ wa … ni arimasu,　～ ga arimasu

〔Basic Phrase、Frase básica、Frase básica、Phrases de base〕

銀行(ぎんこう)は そこの角(かど)に あります。

Ginkou wa　sokono kado ni　arimasu

〔E〕There is a bank at the corner.
〔S〕Hay un banco en esa esquina.
〔P〕Tem um banco na esquina.
〔F〕La banque est à ce coin de rue.

「～は…にあります」「～があります」は、建物(たてもの)・物事(ものごと)などが存在(そんざい)することを表(あらわ)します。

〔English〕 "～ wa ... ni arimasu" "～ ga arimasu" are expressions to explain that a building or a thing exists.

〔Spanish〕 "～ wa ... ni arimasu" "～ ga arimasu" expresan la existencia de edificios u objetos.

〔Português brasileiro〕 "～ wa ... ni arimasu" "～ ga arimasu" são usadas para indicar a existência de um edifício ou objeto.

〔French〕 "～ wa ... ni arimasu" "～ ga arimasu" sont des expressions qui servent pour marquer la présence d'objets ou de bâtiments.

●基本(きほん)パターン●

〔Basic Pattern、Patrón básico、Padrão básico、Forme affirmative〕

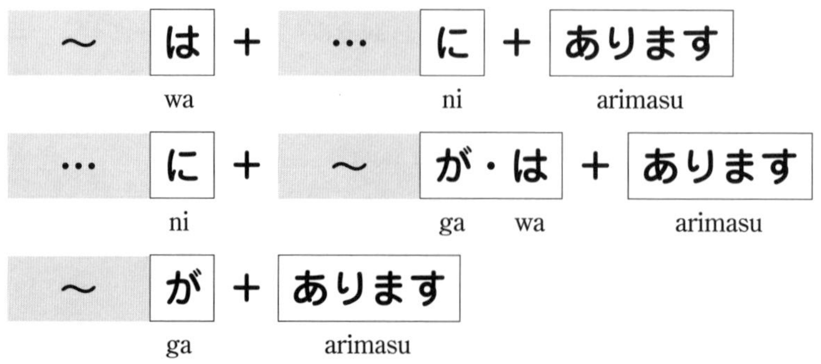

基本パターンで言ってみよう!

トイレは あそこに あります。

Toire wa asoko ni arimasu

[E] The bathroom is over there.
[S] El baño está allí.
[P] Tem um banheiro ali.
[F] Il y a des toilettes là-bas.

あそこに バス乗り場が あります。

Asoko ni basu noriba ga arimasu

[E] There is a bus stop over there.
[S] Hay una parada de bus allí.
[P] Tem um ponto de ônibus ali.
[F] Il y a un arrêt de bus là-bas.

この店に その商品は あります。

Kono mise ni sono shouhin wa arimasu

[E] We have the product in this store.
[S] En esta tienda tienen ese artículo.
[P] Esta loja tem esse produto.
[F] Il y a ce produit dans ce magasin.

今日、用事が あります。

Kyou youji ga arimasu

[E] I have an errand to run today.
[S] Hoy tengo un asunto.
[P] Eu tenho um compromisso hoje.
[F] J'ai des plans pour aujourd'hui.

明日、試験が あります。

Ashita shiken ga arimasu

[E] We have an exam tomorrow.
[S] Mañana tengo un examen.
[P] Amanhã tem uma prova.
[F] Il y a un examen demain.

（私は）熱が あります。

(Watashi wa) netsu ga arimasu

[E] I have a fever.
[S] Tengo fiebre.
[P] Eu tenho febre.
[F] J'ai de la fièvre.

応用（おうよう）

否定パターン（ひてい）

〔Negative pattern、Patrón en negativo、Padrão de negação、Forme négative〕

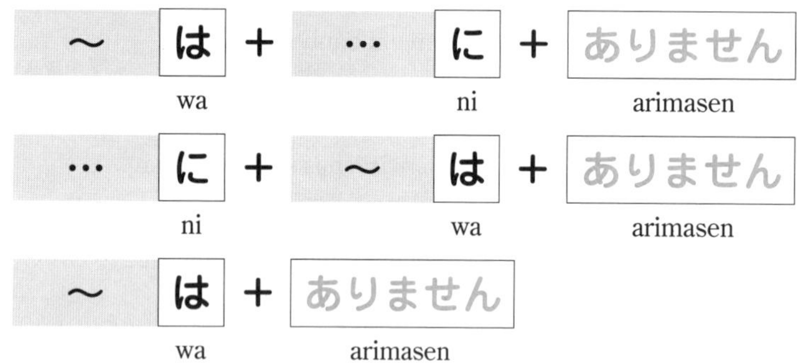

トイレは この階（かい）に ありません。

Toire wa kono kai ni arimasen

[E] There are no bathrooms on this floor.
[S] El baño no está en esta planta.
[P] Neste andar não tem banheiro.
[F] Il n'y a pas de toilettes à cet étage.

近（ちか）くに コンビニは ありません。

Chikaku ni konbini wa arimasen

[E] There is no convenience store nearby.
[S] No hay tiendas de conveniencia cerca.
[P] Aqui perto não tem loja de conveniência.
[F] Il n'y a pas de supérette dans le coin.

この店（みせ）に その商品（しょうひん）は ありません。

Kono mise ni sono shouhin wa arimasen

[E] We don't have the product in this store.
[S] En esta tienda no tienen ese artículo.
[P] Esta loja não tem esse produto.
[F] Il n'y a pas ce produit dans ce magasin.

明日（あした）、試験（しけん）は ありません。

Ashita shiken wa arimasen

[E] We don't have exams tomorrow.
[S] Mañana no tengo examen.
[P] Amanhã não tem prova.
[F] Il n'y a pas d'examens demain.

公園（こうえん）は 駅（えき）の近（ちか）くには ありません。

Kouen wa eki no chikaku niwa arimasen

※近（ちか）くにはないが、少（すこ）し遠（とお）い所（ところ）にある。

[E] The park isn't near the station.
[S] El parque no está cerca de la estación.
[P] Não há parque perto da estação.
[F] Le parc n'est pas près de la gare.

●疑問パターン●

〔Interrogative pattern、Patrón en interrogativo、Padrão interrogativo、Forme interrogative〕

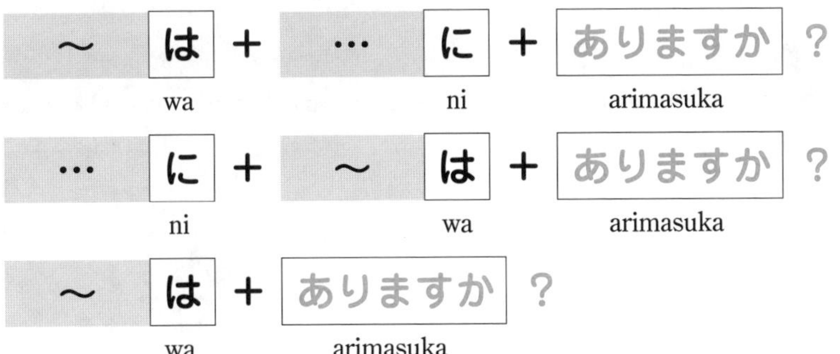

トイレは この階に ありますか？

Toire wa　kono kai ni　arimasuka

〔E〕Is there a bathroom on this floor?
〔S〕¿Hay baño en esta planta?
〔P〕Há um banheiro neste andar?
〔F〕Est-ce qu'il y a des toilettes à cet étage?

近くに コンビニは ありますか？

Chikaku ni　konbini wa　arimasuka

〔E〕Is there a convenience store nearby?
〔S〕¿Hay tiendas de conveniencia cerca?
〔P〕Há uma loja de conveniência por perto?
〔F〕Est-ce qu'il y a une supérette dans le coin?

駅前に バス乗り場は ありますか？

Ekimae ni　basu noriba wa　arimasuka

〔E〕Is there a bus stop in front of the station?
〔S〕¿Hay parada de bus frente a la estación?
〔P〕Há um ponto de ônibus em frente à estação?
〔F〕Est-ce qu'il y a un arrêt de bus devant la gare?

飲み物は ありますか？

Nomimono wa　arimasuka

〔E〕Do you have some drinks?
〔S〕¿Hay bebidas?
〔P〕Tem alguma bebida?
〔F〕Est-ce qu'il y a des boissons?

S サイズは ありますか？

Esu saizu wa　arimasuka

〔E〕Do you have this in small?
〔S〕¿Tiene talla S?
〔P〕Tem tamanho P?
〔F〕Est-ce que vous avez la taille S?

明日、試験は ありますか？

Ashita　shiken wa　arimasuka

〔E〕Will there be an exam tomorrow?
〔S〕¿Hay examen mañana?
〔P〕Amanhã tem prova?
〔F〕Est-ce qu'il y a un examen demain?

～します

Track 17

～ shimasu

〔Basic Phrase、Frase básica、Frase básica、Phrases de base〕

私(わたし)は 会社(かいしゃ)で 仕事(しごと)します。

Watashi wa kaisha de shigoto shimasu

〔E〕I work at the company.
〔S〕Trabajo en una empresa.
〔P〕Eu trabalho para uma empresa.
〔F〕Je travaille à la compagnie.

「～します」は、主語(しゅご)がある行為(こうい)をすることを表(あらわ)します。

〔English〕 "～ shimasu" is an expression to explain that the subject does a certain activity.

〔Spanish〕 "～ shimasu" expresa algún comportamiento del sujeto.

〔Português brasileiro〕 "～ shimasu" indica que o sujeito faz uma determinada ação.

〔French〕 "～ shimasu" est utilisée pour exprimer une action particulière du sujet.

●基本(きほん)パターン●

〔Basic Pattern、Patrón básico、Padrão básico、Forme affirmative〕

～ は ＋ ～ します

wa　　shimasu

基本パターンで言ってみよう!

私は 毎朝、散歩します。

Watashi wa maiasa sanpo shimasu

〔E〕I take a walk every morning.
〔S〕Doy un paseo cada mañana.
〔P〕Eu faço caminhada todas as manhãs.
〔F〕Je fais de la marche tous les matins.

私は 午後、外出します。

Watashi wa gogo gaishutsu shimasu

〔E〕I'll go out in the afternoon.
〔S〕Salgo por la tarde.
〔P〕Eu vou sair à tarde.
〔F〕Je vais sortir l'après-midi.

彼に 電話します。

Kare ni denwa shimasu

〔E〕I'll call him.
〔S〕Lo llamo por teléfono (a él).
〔P〕Eu vou ligar para ele.
〔F〕Je vais lui téléphoner.

私は 図書館で 勉強します。

Watashi wa toshokan de benkyou shimasu

〔E〕I study in the library.
〔S〕Estudio en la biblioteca.
〔P〕Eu estudo na biblioteca.
〔F〕Je vais étudier à la bibliothèque.

明日、レポートを 提出します。

Ashita repoto wo teishutsu shimasu

〔E〕I'll submit a report tomorrow.
〔S〕Mañana entrego un informe.
〔P〕Eu vou apresentar o relatório amanhã.
〔F〕Je vais rendre le rapport demain.

電車が 到着します。

Densha ga touchaku shimasu

〔E〕The train arrives.
〔S〕El tren llega.
〔P〕O trem vai chegar.
〔F〕Le train va arriver.

応用

•否定パターン•

〔Negative pattern、Patrón en negativo、Padrão de negação、Forme négative〕

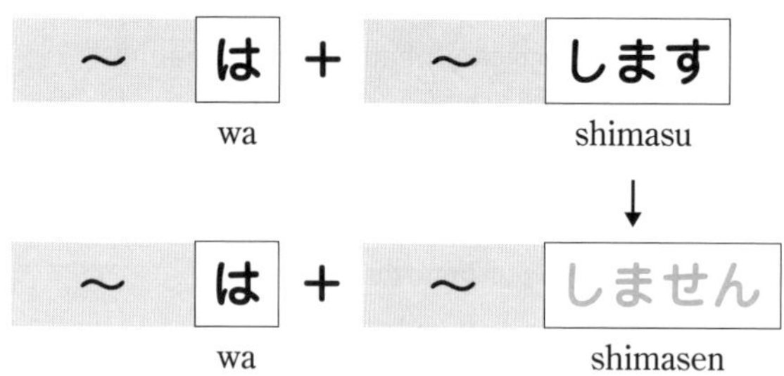

私は 車を 運転しません。

Watashi wa kuruma wo unten shimasen

[E] I don't drive a car.
[S] No conduzco / manejo auto.
[P] Eu não dirijo carro.
[F] Je ne sais pas conduire une voiture.

私は 今日、買い物しません。

Watashi wa kyou kaimono shimasen

[E] I don't go shopping today.
[S] Hoy no hago la compra.
[P] Eu não vou fazer compras hoje.
[F] Je ne vais pas faire des courses aujourd'hui.

彼は お酒を 飲みません。

Kare wa osake wo nomimasen

[E] He doesn't drink alcohol.
[S] Él no bebe alcohol.
[P] Ele não bebe álcool.
[F] Il ne boit pas d'alcool.

バスが 来ません。

Basu ga kimasen

[E] The bus doesn't come.
[S] El bus no viene.
[P] O ônibus não vem.
[F] Le bus n'arrive pas.

機械が 動きません。

Kikai ga ugokimasen

[E] The machine doesn't work.
[S] La máquina no funciona.
[P] A máquina não funciona.
[F] La machine ne marche pas.

●疑問パターン●

〔Interrogative pattern、Patrón en interrogativo、Padrão interrogativo、Forme interrogative〕

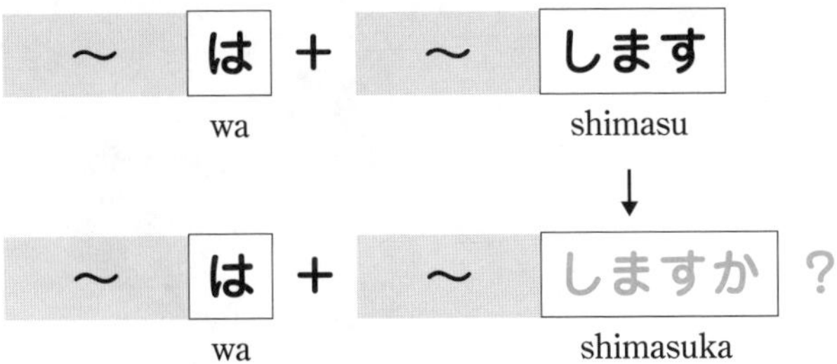

あなたは 車を 運転しますか？

Anata wa kuruma wo unten shimasuka

〔E〕 Do you drive a car?
〔S〕 ¿Manejas / conduces auto?
〔P〕 Você dirige carro?
〔F〕 Est-ce que tu sais conduire une voiture?

あなたは 今日、買い物しますか？

Anata wa kyou kaimono shimasuka

〔E〕 Do you go shopping today?
〔S〕 ¿Haces la compra hoy?
〔P〕 Você vai fazer compras hoje?
〔F〕 Est-ce que tu vas faire des courses aujourd'hui?

あなたは 毎日、勉強しますか？

Anata wa mainichi benkyou shimasuka

〔E〕 Do you study every day?
〔S〕 ¿Estudias cada día?
〔P〕 Você estuda todos os dias?
〔F〕 Est-ce que tu étudies tous les jours?

彼は お酒を 飲みますか？

Kare wa osake wo nomimasuka

〔E〕 Does he drink alcohol?
〔S〕 ¿Bebe él alcohol?
〔P〕 Ele bebe álcool?
〔F〕 Est-ce qu'il boit de l'alcool?

あなたは サッカーを しますか？

Anata wa sakka wo shimasuka

〔E〕 Do you play soccer?
〔S〕 ¿Juegas al fútbol?
〔P〕 Você joga futebol?
〔F〕 Est-ce que tu fais du foot?

～したいです

Track 18

～ shitaidesu

〔Basic Phrase、Frase básica、Frase básica、Phrases de base〕

私(わたし)は その映画(えいが)を 見(み)たいです。

Watashi wa sono eiga wo mitai desu

〔E〕I want to see the movie.

〔S〕Quiero ver esa película.

〔P〕Eu quero assistir a esse filme.

〔F〕Je veux voir ce film.

「～したいです」は、主語(しゅご)がある行為(こうい)を希望(きぼう)していることを表(あらわ)します。

〔English〕“～ shitaidesu” is an expression to explain that the subject wants to do a certain activity.

〔Spanish〕“～ shitaidesu” expresa algún comportamiento que el sujeto desea realizar.

〔Português brasileiro〕“～ shitaidesu” indica que o sujeito deseja realizar alguma ação.

〔French〕“～ shitaidesu” est utilisée lorsque le sujet souhaite faire quelque chose en particulier.

〔Basic Pattern、Patrón básico、Padrão básico、Forme affirmative〕

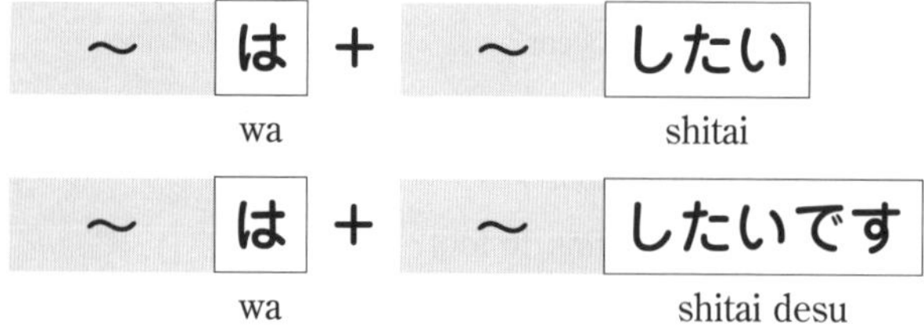

基本パターンで言ってみよう!

私は そこへ 行きたい。
Watashi wa soko e ikitai

〔E〕I want to go there.
〔S〕Quiero ir ahí.
〔P〕Eu quero ir aí.
〔F〕Je veux aller là-bas.

私は お寿司を 食べたいです。
Watashi wa osushi wo tabetai desu

〔E〕I want to eat *sushi*.
〔S〕Quiero comer *sushi*.
〔P〕Eu quero comer *sushi*.
〔F〕Je veux manger des *sushis*.

私は あなたに 会いたいです。
Watashi wa anata ni aitai desu

〔E〕I would love to meet you.
〔S〕Quiero verte.
〔P〕Eu quero me encontrar com você.
〔F〕Je veux te voir.

私は 日本で 就職したいです。
Watashi wa nihon de shushoku shitai desu

〔E〕I want to get a job in Japan.
〔S〕Quiero encontrar trabajo en Japón.
〔P〕Eu quero trabalhar no Japão.
〔F〕Je veux aller travailler au Japon.

銀行で お金を おろしたいです。
Ginkou de okane wo oroshitai desu

〔E〕I want to withdraw money at the bank.
〔S〕Quiero sacar dinero del banco.
〔P〕Eu quero sacar dinheiro no banco.
〔F〕Je veux retirer de l'argent à la banque.

大阪へ 荷物を 送りたいです。
Osaka e nimotsu wo okuritai desu

〔E〕I want to send my luggage to Osaka.
〔S〕Quiero enviar paquetes a Osaka.
〔P〕Eu quero enviar uma bagagem para Osaka.
〔F〕Je veux faire envoyer mes affaires à Osaka.

応用（おうよう）

●否定パターン●（ひてい）

〔Negative pattern、Patrón en negativo、Padrão de negação、Forme négative〕

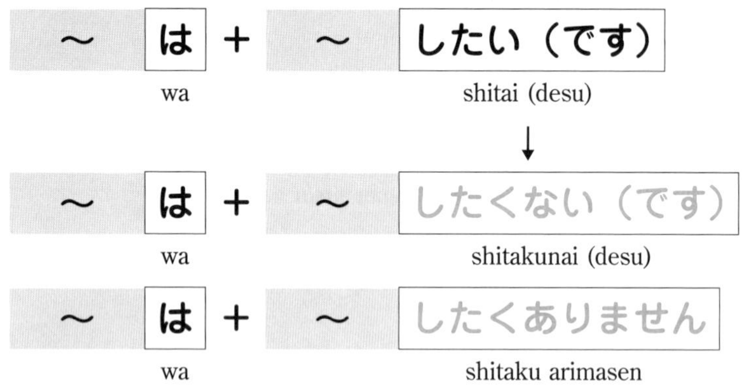

私（わたし）は そこへ 行（い）きたくない。

Watashi wa soko e ikitakunai

〔E〕I don't want to go there.
〔S〕No quiero ir ahí.
〔P〕Eu não quero ir aí.
〔F〕Je ne veux pas aller là-bas.

私（わたし）は その映画（えいが）を 見（み）たくない。

Watashi wa sono eiga wo mitakunai

〔E〕I don't want to see the movie.
〔S〕No quiero ver esa película.
〔P〕Eu não quero assistir a esse filme.
〔F〕Je ne veux pas voir ce film.

私（わたし）は 参加（さんか）したくないです。

Watashi wa sanka shitakunai desu

〔E〕I don't want to participate.
〔S〕No quiero participar.
〔P〕Eu não quero participar.
〔F〕Je ne veux pas y participer.

私（わたし）は 彼（かれ）に 会（あ）いたくありません。

Watashi wa kare ni aitaku arimasen

〔E〕I don't want to see him.
〔S〕No quiero verlo (a él).
〔P〕Eu não quero me encontrar com ele.
〔F〕Je ne veux pas le voir.

今日（きょう）、残業（ざんぎょう）したくありません。

Kyou zangyou shitaku arimasen

〔E〕I don't want to work overtime today.
〔S〕No quiero hacer horas extra hoy.
〔P〕Eu não quero fazer hora extra hoje.
〔F〕Je ne veux pas faire d'heures supplémentaires, aujourd'hui.

●疑問パターン●

〔Interrogative pattern、Patrón en interrogativo、Padrão interrogativo、Forme interrogative〕

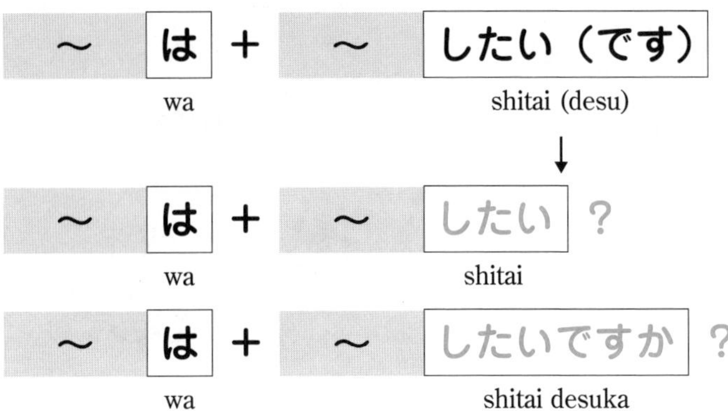

あなたは そこへ 行きたい？

Anata wa soko e ikitai

〔E〕Do you want to go there?
〔S〕¿Quieres ir ahí?
〔P〕Você quer ir aí?
〔F〕Où est-ce que tu veux aller?

あなたは その映画を 見たい？

Anata wa sono eiga wo mitai

〔E〕Do you want to see the movie?
〔S〕¿Quieres ver esa película?
〔P〕Você quer assistir a esse filme?
〔F〕Est-ce que tu veux voir ce film?

あなたは 参加したいですか？

Anata wa sanka shitai desuka

〔E〕Do you want to participate?
〔S〕¿Quieres participar?
〔P〕Você quer participar?
〔F〕Est-ce que tu veux y participer?

あなたは 彼に 会いたいですか？

Anata wa kare ni aitai desuka

〔E〕Do you want to see him?
〔S〕¿Quieres verlo (a él)?
〔P〕Você quer se encontrar com ele?
〔F〕Est-ce que tu veux le voir?

あなたは 日本で 就職したいですか？

Anata wa nihon de shushoku shitai desuka

〔E〕Do you want to get a job in Japan?
〔S〕¿Quieres encontrar trabajo en Japón?
〔P〕Você quer trabalhar no Japão?
〔F〕Est-ce que tu veux aller travailler au Japon?

～しています（1）

Track 19

～ shiteimasu

〔Basic Phrase、Frase básica、Frase básica、Phrases de base〕

私（わたし）は 今（いま）、お昼（ひる）を 食（た）べています。

Watashi wa ima ohiru wo tabete imasu

〔E〕I'm eating lunch now.

〔S〕Estoy comiendo el almuerzo ahora.

〔P〕Eu estou almoçando agora.

〔F〕Je suis en train de manger mon déjeunner.

「～しています」は今（いま）、ある行為（こうい）が進行中（しんこうちゅう）であることを表（あらわ）します。

〔English〕 "～ shiteimasu" is an expression to explain that the subject is currently doing a certain activity.

〔Spanish〕 "～ shiteimasu" expresa que el sujeto está realizando una actividad.

〔Português brasileiro〕 "～ shiteimasu" é usada para indicar que uma ação está em andamento.

〔French〕 "～ shiteimasu" est utilisée pour exprimer une action que le sujet est en train de faire.

〔Basic Pattern、Patrón básico、Padrão básico、Forme affirmative〕

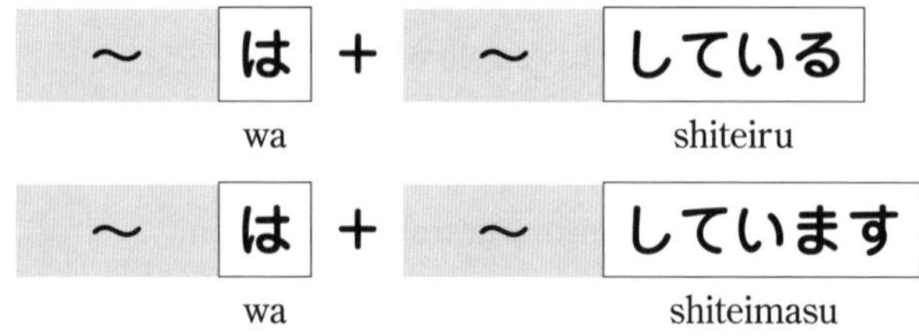

基本パターンで言ってみよう!

私は テレビを 見ています。
Watashi wa terebi wo mite imasu

〔E〕I'm watching TV.
〔S〕Estoy viendo televisión.
〔P〕Eu estou assistindo à televisão.
〔F〕Je suis en train de regarder la télévision.

彼は 電話しています。
Kare wa denwashite imasu

〔E〕He's on the phone.
〔S〕Él está llamando por teléfono.
〔P〕Ele está telefonando.
〔F〕Je suis en train de téléphoner.

彼女は 料理しています。
Kanojo wa ryourishite imasu

〔E〕She's cooking.
〔S〕Ella está cocinando.
〔P〕Ela está cozinhando.
〔F〕Elle est en train de cuisiner.

雨が 降っています。
Ame ga hutte imasu

〔E〕It's raining.
〔S〕Está lloviendo.
〔P〕Está chovendo.
〔F〕Il pleut.

私は そちらに 向かっています。
Watashi wa sochira ni mukatte imasu

〔E〕I'm heading there.
〔S〕Estoy dirigiéndome ahí.
〔P〕Eu estou indo para aí agora.
〔F〕Je suis en train de m'y diriger.

子供たちが 外で 遊んでいます。
Kodomotachi ga soto de asonde imasu

〔E〕Children are playing outside.
〔S〕Los niños están jugando fuera.
〔P〕As crianças estão brincando lá fora.
〔F〕Les enfants sont en train de jouer dehors.

応用

●否定パターン●

〔Negative pattern、Patrón en negativo、Padrão de negação、Forme négative〕

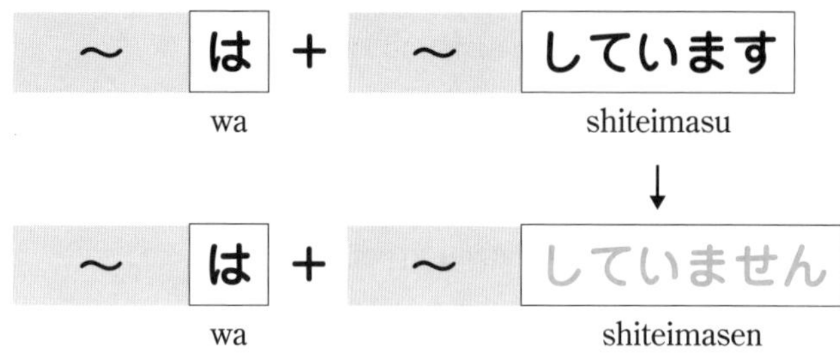

私は テレビを 見ていません。

Watashi wa terebi wo mite imasen

[E] I'm not watching TV.
[S] No estoy viendo televisión.
[P] Eu não estou assistindo à televisão.
[F] Je ne suis pas en train de regarder la télé.

彼は 電話していません。

Kare wa denwashite imasen

[E] He isn't on the phone.
[S] Él no está llamando por teléfono.
[P] Ele não está telefonando.
[F] Elle n'est pas en train de téléphoner.

彼女は 料理していません。

Kanojo wa ryourishite imasen

[E] She isn't cooking.
[S] Ella no está cocinando.
[P] Ela não está cozinhando.
[F] Elle n'est pas en train de cuisiner.

雨は 降っていません。

Ame wa hutte imasen

[E] It isn't raining.
[S] No está lloviendo.
[P] Não está chovendo.
[F] Il ne pleut pas.

機械は 今、動いていません。

Kikai wa ima ugoite imasen

[E] The machine isn't working now.
[S] La máquina no está funcionando ahora.
[P] A máquina não está funcionando agora.
[F] Cet appareil ne marche pas, pour le moment.

●疑問パターン●

〔Interrogative pattern、Patrón en interrogativo、Padrão interrogativo、Forme interrogative〕

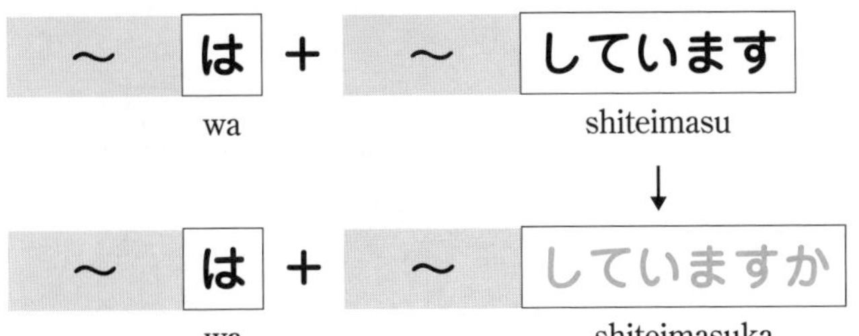

彼は 音楽を 聞いていますか？

Kare wa ongaku wo kiite imasuka

〔E〕Is he listening to music?
〔S〕¿Está él escuchando música?
〔P〕Ele está ouvindo música?
〔F〕Est-ce qu'il est en train d'écouter de la musique?

彼は 電話していますか？

Kare wa denwashite imasuka

〔E〕Is he on the phone?
〔S〕¿Está él llamando por teléfono?
〔P〕Ele está telefonando?
〔F〕Est-ce qu'il est en train de téléphoner?

彼女は 料理していますか？

Kanojo wa ryourishite imasuka

〔E〕Is she cooking?
〔S〕¿Está ella cocinando?
〔P〕Ela está cozinhando?
〔F〕Est-ce qu'elle est en train de cuisiner?

雨は 降っていますか？

Ame wa hutte imasuka

〔E〕Is it raining?
〔S〕¿Está lloviendo?
〔P〕Está chovendo?
〔F〕Est-ce qu'il pleut?

機械は 今、動いていますか？

Kikai wa ima ugoite imasuka

〔E〕Is the machine working now?
〔S〕¿Está la máquina funcionando?
〔P〕A máquina está funcionando agora?
〔F〕Est-ce que cet appareil marche, désormais?

---

10 ～しています (2)

～ shiteimasu

Track 20

フレーズ〔Basic Phrase、Frase básica、Frase básica、Phrases de base〕

私は 工場で 働いています。

Watashi wa koujou de hataraite imasu

〔E〕I work in a factory.
〔S〕Estoy trabajando en una fábrica.
〔P〕Eu trabalho na fábrica.
〔F〕Je travaille dans une usine.

「～しています」は、ある状態が進行中・継続中であることを表します。

〔English〕 "～ shiteimasu" is an expression to explain that the subject is currently under a certain condition and continuing (to do something).

〔Spanish〕 "～ shiteimasu" expresa la continuidad o avance de algún estado.

〔Português brasileiro〕 "～ shiteimasu" é usada para indicar o andamento ou a continuidade de uma determinada situação.

〔French〕 "～ shiteimasu" est utilisée pour exprimer une action continue faite par le sujet ou une situation sur le long terme.

〔Basic Pattern、Patrón básico、Padrão básico、Forme affirmative〕

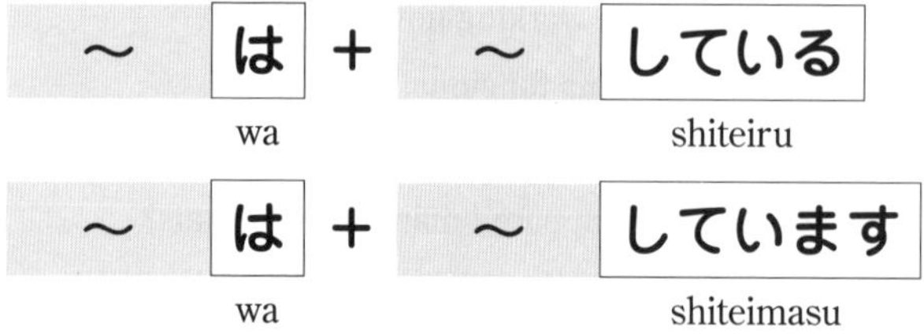

基本(きほん)パターンで言(い)ってみよう!

彼(かれ)は 大阪(おおさか)に 住(す)んでいます。

Kare wa osaka ni sunde imasu

〔E〕He lives in Osaka.
〔S〕Él está viviendo en Osaka.
〔P〕Ele mora em Osaka.
〔F〕Il vit à Osaka.

兄(あに)は アメリカへ 行(い)っています。

Ani wa amerika e itte imasu

〔E〕My brother has gone to America.
〔S〕Mi hermano menor está en América.
〔P〕O meu irmão está nos Estados Unidos.
〔F〕Mon frère va en Amérique.

私(わたし)は 彼(かれ)を 覚(おぼ)えています。

Watashi wa kare wo oboete imasu

〔E〕I remember him.
〔S〕Yo lo recuerdo (a él).
〔P〕Eu me lembro dele.
〔F〕Je me souviens de lui.

私(わたし)は 彼女(かのじょ)を 知(し)っています。

Watashi wa kanojo wo shitte imasu

〔E〕I know her.
〔S〕Yo la conozco (a ella).
〔P〕Eu a conheço.
〔F〕Je la connais.

私(わたし)は 彼女(かのじょ)を 愛(あい)しています。

Watashi wa kanojo wo aishite imasu

〔E〕I love her.
〔S〕Yo la amo (a ella).
〔P〕Eu a amo.
〔F〕Je l'aime.

リンさんは 入院(にゅういん)しています。

Rinsan wa nyuinshite imasu

〔E〕Lynn is in the hospital.
〔S〕Lynn está hospitalizada.
〔P〕Lynn está internado.
〔F〕Rin est hospitalisé.

応用（おうよう）

否定パターン（ひてい） 〔Negative pattern、Patrón en negativo、Padrão de negação、Forme négative〕

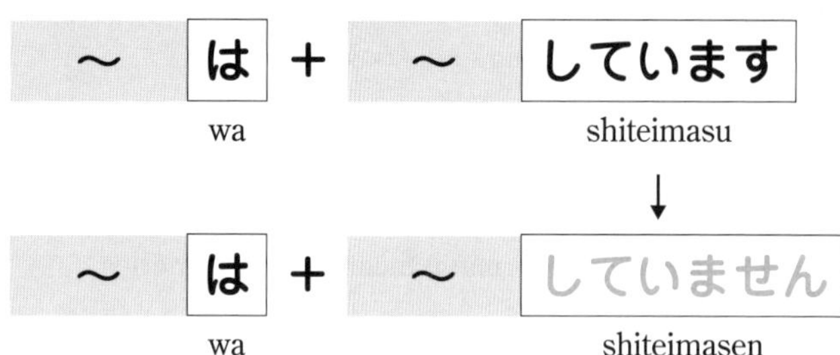

私（わたし）は 工場（こうじょう）で 働（はたら）いていません。

Watashi wa koujou de hataraite imasen

[E] I don't work in a factory.

[S] No estoy trabajando en una fábrica.

[P] Eu não trabalho na fábrica.

[F] Je ne travaille pas dans une usine.

彼（かれ）は 大阪（おおさか）に 住（す）んでいません。

Kare wa osaka ni sunde imasen

[E] He doesn't live in Osaka.

[S] Él no está viviendo en Osaka.

[P] Ele não mora em Osaka.

[F] Il ne vit pas à Osaka.

私（わたし）は 彼（かれ）を 覚（おぼ）えていません。

Watashi wa kare wo oboete imasen

[E] I don't remember him.

[S] Yo no lo recuerdo (a él).

[P] Eu não me lembro dele.

[F] Je ne me souviens pas de lui.

私（わたし）は 彼女（かのじょ）を 愛（あい）していません。

Watashi wa kanojo wo aishite imasen

[E] I don't love her.

[S] Yo no la amo (a ella).

[P] Eu não a amo.

[F] Je ne l'aime pas.

リンさんは 入院（にゅういん）していません。

Rinsan wa nyuinshite imasen

[E] Lynn isn't in the hospital.

[S] Lynn no está hospitalizada.

[P] Lynn não está internado.

[F] Rin n'est pas hospitalisé.

●疑問パターン● 〔Interrogative pattern、Patrón en interrogativo、Padrão interrogativo、Forme interrogative〕

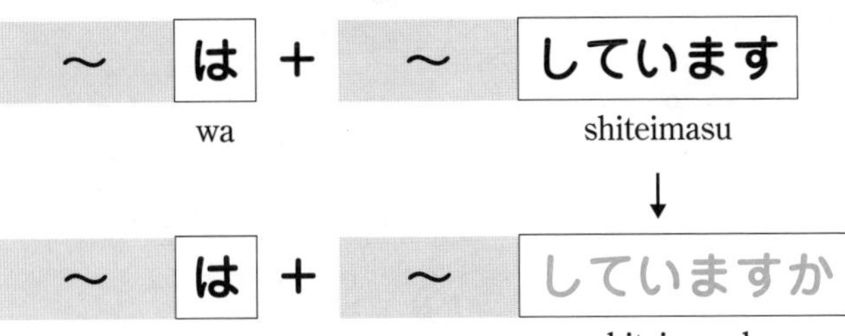

あなたは 工場で 働いていますか？

Anata wa koujou de hataraite imasuka

〔E〕Do you work in a factory?
〔S〕¿Estás trabajando en una fábrica?
〔P〕Você trabalha na fábrica?
〔F〕Est-ce que tu travailles dans une usine?

彼は 大阪に 住んでいますか？

Kare wa osaka ni sunde imasuka

〔E〕Does he live in Osaka?
〔S〕¿Está él viviendo en Osaka?
〔P〕Ele mora em Osaka?
〔F〕Est-ce qu'il vit à Osaka?

あなたは 彼を 覚えていますか？

Anata wa kare wo oboete imasuka

〔E〕Do you remember him?
〔S〕¿Lo recuerdas (a él)?
〔P〕Você se lembra dele?
〔F〕Est-ce que tu te souviens de lui?

あなたは 彼女を 愛していますか？

Anata wa kanojo wo aishite imasuka

〔E〕Do you love her?
〔S〕¿La amas (a ella)?
〔P〕Você a ama?
〔F〕Est-ce que tu l'aimes?

リンさんは 入院していますか？

Rinsan wa nyuinshite imasuka

〔E〕Is Lynn in the hospital?
〔S〕¿ Está Lynn hospitalizada?
〔P〕Lynn está internado?
〔F〕Est-ce que Rin est hospitalisé?

11 ～しました

Track 21

～ shimashita

基本フレーズ〔Basic Phrase、Frase básica、Frase básica、Phrases de base〕

私(わたし)は 昨日(きのう) テニスを しました。

Watashi wa kinou tenisu wo shimashita

〔E〕I played tennis yesterday. 〔S〕Ayer jugué al tenis.

〔P〕Eu joguei tênis ontem. 〔F〕J'ai joué au tennis hier.

「～しました」は、主語(しゅご)がある行為(こうい)を過去(かこ)にしたことを表(あらわ)します。

〔English〕 "～ shimashita" is an expression to explain that the subject did a certain activity in the past.

〔Spanish〕 "～ shimashita" expresa acción realizada por el sujeto en el pasado.

〔Português brasileiro〕 "～ shimashita" indica que o sujeito realizou uma determinada ação no passado.

〔French〕 "～ shimashita" est utilisé pour exprimer une action qui a été faite par le sujet, dans le passé.

●基本(きほん)パターン● 〔Basic Pattern、Patrón básico、Padrão básico、Forme affirmative〕

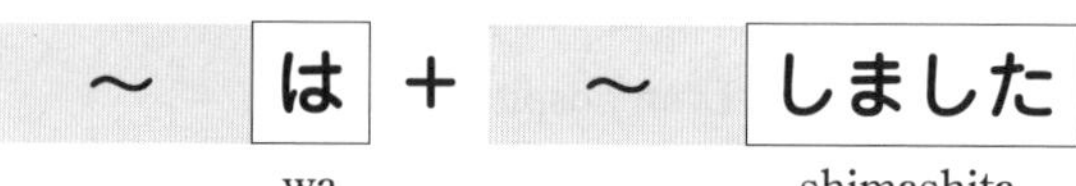

～ は + ～ しました

wa shimashita

基本パターンで言ってみよう!

昨夜、彼女に 電話しました。
Sakuya kanojo ni denwa shimashita

〔E〕I called her last night.
〔S〕Anoche la llamé por teléfono (a ella).
〔P〕Eu liguei para ela ontem à noite.
〔F〕Je lui ai téléphoné hier soir.

昨日、友達に 会いました。
Kinou tomodachi ni aimashita

〔E〕I met a friend yesterday.
〔S〕Ayer vi a un/-a amigo/-a.
〔P〕Eu encontrei um/a amigo/a ontem.
〔F〕J'ai vu mon ami(e) hier.

去年、彼は 結婚しました。
Kyonen kare wa kekkon shimashita

〔E〕He got married last year.
〔S〕Él se casó el año pasado.
〔P〕Ele se casou no ano passado.
〔F〕Il s'est marié l'année dernière.

先週、彼は 旅行に 行きました。
Senshu kare wa ryokou ni ikimashita

〔E〕He went on a trip last week.
〔S〕Él fue de viaje la semana pasada.
〔P〕Ele viajou na semana passada.
〔F〕Il a voyagé la semaine dernière.

先月、その本を 買いました。
Sengetsu sono hon wo kaimashita

〔E〕I bought the book last month.
〔S〕El mes pasado compré ese libro.
〔P〕Eu comprei esse livro no mês passado.
〔F〕J'ai acheté ce livre le mois dernier.

先月、その本を 読みました。
Sengetsu sono hon wo yomimashita

〔E〕I read the book last month.
〔S〕El mes pasado leí ese libro.
〔P〕Eu li esse livro no mês passado.
〔F〕J'ai lu ce livre, le mois dernier.

応用(おうよう)

否定(ひてい)パターン

〔Negative pattern、Patrón en negativo、Padrão de negação、Forme négative〕

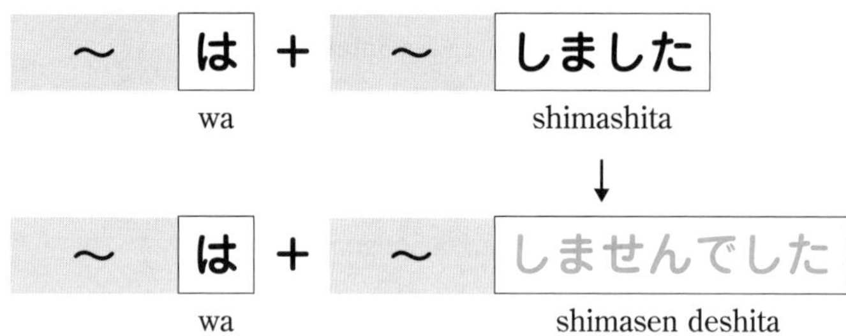

私(わたし)は 昨日(きのう)、テニスを しませんでした。

Watashi wa kinou tenisu wo shimasen deshita

〔E〕I didn't play tennis yesterday.
〔S〕Ayer no jugué al tenis.
〔P〕Eu não joguei tênis ontem.
〔F〕Je n'ai pas joué au tennis hier.

昨夜(さくや)、彼女(かのじょ)に 電話(でんわ)しませんでした。

Sakuya kanojo ni denwa shimasen deshita

〔E〕I didn't call her last night.
〔S〕Anoche no la llamé por teléfono (a ella).
〔P〕Eu não liguei para ela ontem à noite.
〔F〕Je ne lui ai pas téléphoné hier soir.

昨夜(さくや)、雨(あめ)は 降(ふ)りませんでした。

Sakuya ame wa hurimasen deshita

〔E〕It didn't rain last night.
〔S〕Anoche no llovió.
〔P〕Não choveu ontem à noite.
〔F〕Il n'a pas plu hier soir.

昨日(きのう)、田中先生(たなかせんせい)は 来(き)ませんでした。

Kinou tanaka sensei wa kimasen deshita

〔E〕Mr. Tanaka didn't come yesterday.
〔S〕Ayer no vino el profesor/doctor/ instructor Tanaka.
〔P〕O professor Tanaka não veio ontem.
〔F〕Le professeur Tanaka n'est pas venu hier.

昨日(きのう)、荷物(にもつ)は 届(とど)きませんでした。

Kinou nimotsu wa todokimasen deshita

〔E〕The luggage didn't arrive yesterday.
〔S〕Ayer no llegó el paquete.
〔P〕A bagagem não chegou ontem.
〔F〕Mes affaires ne sont pas arrivées hier.

●疑問パターン●

〔Interrogative pattern、Patrón en interrogativo、Padrão interrogativo、Forme interrogative〕

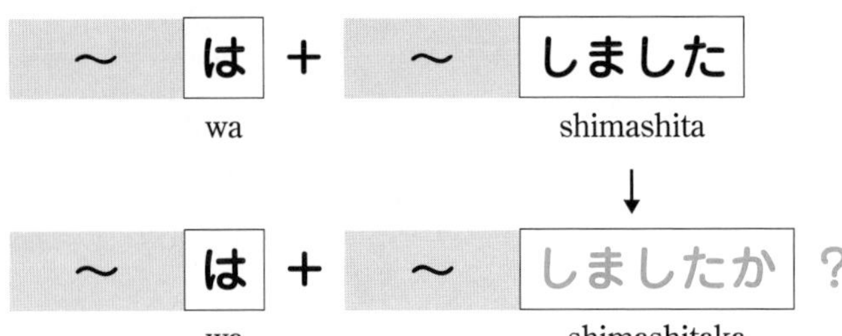

あなたは 昨日、テニスを しましたか？

Anata wa kinou tenisu wo shimashitaka

〔E〕Did you play tennis yesterday?
〔S〕¿Jugaste al tenis ayer?
〔P〕Você jogou tênis ontem?
〔F〕Est-ce que tu as joué(e) au tennis hier?

昨夜、彼女に 電話しましたか？

Sakuya kanojo ni denwa shimashitaka

〔E〕Did you call her last night?
〔S〕¿La llamaste por teléfono anoche?
〔P〕Você ligou para ela ontem à noite?
〔F〕Est-ce que tu lui as téléphoné(e) hier?

昨夜、雨は 降りましたか？

Sakuya ame wa hurimashitaka

〔E〕Did it rain last night?
〔S〕¿Llovió anoche?
〔P〕Choveu ontem à noite?
〔F〕Est-ce qu'il a plu hier soir?

昨日、田中先生は 来ましたか？

Kinou tanaka sensei wa kimashitaka

〔E〕Did Mr. Tanaka come yesterday?
〔S〕¿Vino el profesor/doctor/instructor Tanaka ayer?
〔P〕O professor Tanaka veio ontem?
〔F〕Est-ce que le professeur Tanaka est venu hier?

昨日、荷物は 届きましたか？

Kinou nimotsu wa todokimashitaka

〔E〕Did the luggage arrive yesterday?
〔S〕¿Llegó ayer el paquete?
〔P〕A bagagem chegou ontem?
〔F〕Est-ce que les affaires sont arrivées hier?

12 もう～しました

Track 22

mou ～ shimashita

〔Basic Phrase、Frase básica、Frase básica、Phrases de base〕

私(わたし)は この本(ほん)を もう 読(よ)みました。

Watashi wa kono hon wo mou yomimashita

〔E〕I've already read this book.
〔S〕Ya he leído este libro.
〔P〕Eu já li este livro.
〔F〕J'ai déjà fini de lire ce livre.

「もう～しました」は、主語(しゅご)がある行為(こうい)をすでにやり終(お)えたことを表(あらわ)します。

〔English〕 "mou ~ shimashita" is an expression to explain that the subject has already done a certain activity.

〔Spanish〕 "mou ~ shimashita" expresa acción ya acabada por el sujeto.

〔Português brasileiro〕 "mou ~ shimashita" indica que o sujeito já concluiu uma determinada ação.

〔French〕 "mou ~ shimashita" est utilisé pour exprimer une action déjà terminée par le sujet.

〔Basic Pattern、Patrón básico、Padrão básico、Forme affirmative〕

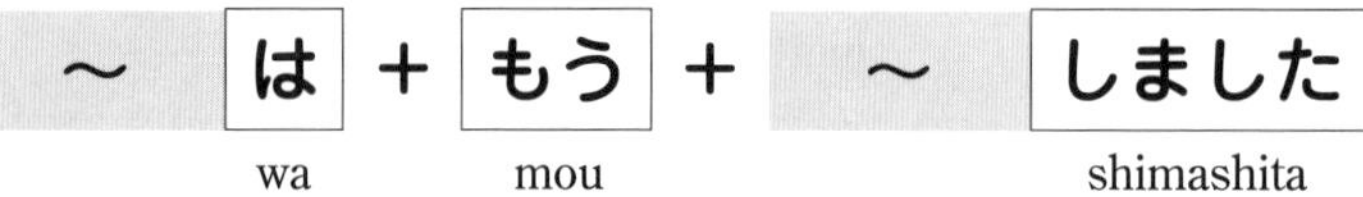

基本パターンで言ってみよう!

バスは もう 出発しました。

Basu wa mou shuppatsu shimashita

〔E〕The bus has already departed.
〔S〕El bus ya ha salido.
〔P〕O ônibus já partiu.
〔F〕Le bus est déjà parti.

彼女は もう 帰りました。

Kanojo wa mou kaerimashita

〔E〕She's already gone home.
〔S〕Ella ya ha regresado.
〔P〕Ela já foi embora.
〔F〕Elle est déjà rentrée chez elle.

授業は もう 終わりました。

Jugyou wa mou owarimashita

〔E〕The class has already ended.
〔S〕La clase ya ha terminado.
〔P〕A aula já terminou.
〔F〕Le cours est déjà terminé.

私は 薬を もう 飲みました。

Watashi wa kusuri wo mou nomimashita

〔E〕I already took the medicine.
〔S〕Yo ya he tomado la medicina.
〔P〕Eu já tomei o remédio.
〔F〕J'ai déjà pris mon médicament.

私は お昼を もう 食べました。

Watashi wa ohiru wo mou tabemashita

〔E〕I already ate lunch.
〔S〕Yo ya he comido mi almuerzo.
〔P〕Eu já almocei.
〔F〕J'ai déjà mangé(e) mon déjeunner.

お店を もう 予約しました。

Omise wo mou yoyaku shimashita

〔E〕I already booked the shop.
〔S〕Ya he reservado mesa.
〔P〕Eu já reservei o restaurante.
〔F〕J'ai déjà réservé(e) au restaurant.

応用（おうよう）

•否定パターン•（ひてい）〔Negative pattern、Patrón en negativo、Padrão de negação、Forme négative〕

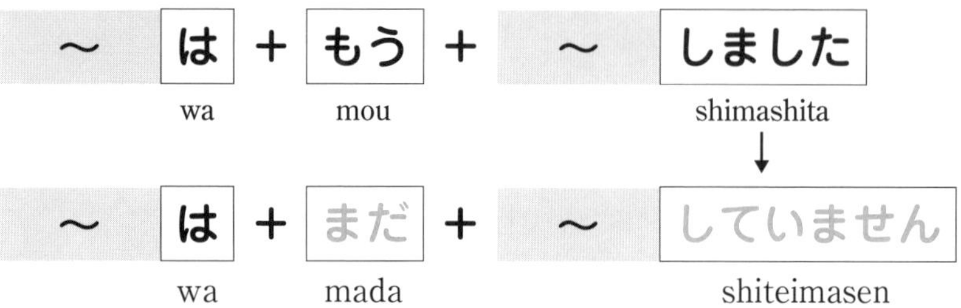

私(わたし)は この本(ほん)を まだ 読(よ)んでいません。

Watashi wa kono hon wo mada yonde imasen

〔E〕I haven't read this book yet.
〔S〕Aún no he leído este libro.
〔P〕Eu ainda não li este livro.
〔F〕Je n'ai pas encore lu ce livre.

バスは まだ 出発(しゅっぱつ)していません。

Basu wa mada shuppatsushite imasen

〔E〕The bus hasn't departed yet.
〔S〕El bus aún no ha salido.
〔P〕O ônibus ainda não partiu.
〔F〕Le bus n'est pas encore parti.

彼女(かのじょ)は まだ 帰(かえ)っていません。

Kanojo wa mada kaette imasen

〔E〕She hasn't gone home yet.
〔S〕Ella aún no ha regresado.
〔P〕Ela ainda não foi embora.
〔F〕Elle n'est pas encore rentrée chez elle.

授業(じゅぎょう)は まだ 終(お)わっていません。

Jugyou wa mada owatte imasen

〔E〕The class hasn't ended yet.
〔S〕La clase aún no ha acabado.
〔P〕A aula ainda não terminou.
〔F〕Le cours n'est pas encore terminé.

私(わたし)は お昼(ひる)を まだ 食(た)べていません。

Watashi wa ohiru wo mada tabete imasen

〔E〕I haven't eaten lunch yet.
〔S〕Aún no he comido mi almuerzo.
〔P〕Eu ainda não almocei.
〔F〕Je n'ai pas encore mangé(e) mon déjeunner.

お店(みせ)を まだ 予約(よやく)していません。

Omise wo mada yoyaku shite imasen

〔E〕I haven't booked the shop yet.
〔S〕Aún no he reservado mesa.
〔P〕Eu ainda não reservei o restaurante.
〔F〕Je n'ai pas encore réservé(e) au restaurant.

●疑問パターン●

〔Interrogative pattern、Patrón en interrogativo、Padrão interrogativo、Forme interrogative〕

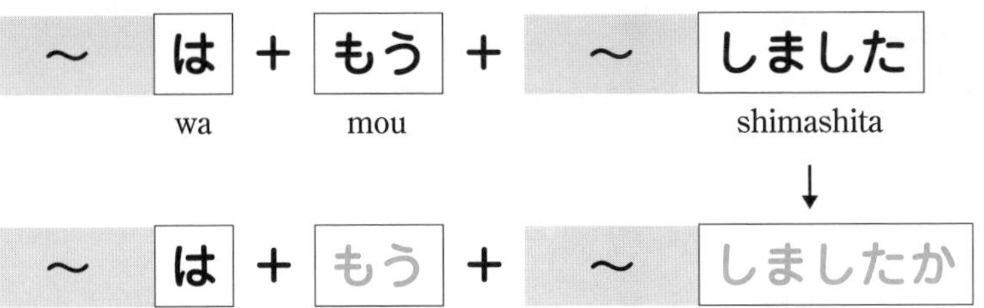

あなたは この本を もう 読みましたか？

Anata wa kono hon wo mou yomimashitaka

〔E〕Have you already read this book?
〔S〕¿Has leído ya este libro?
〔P〕Você já leu este livro?
〔F〕Est-ce que tu as déjà lu ce livre?

バスは もう 出発しましたか？

Basu wa mou shuppatsu shimashitaka

〔E〕Has the bus already left?
〔S〕¿Ha salido ya el bus?
〔P〕O ônibus já partiu?
〔F〕Est-ce que le bus est déjà parti?

彼女は もう 帰りましたか？

Kanojo wa mou kaerimashitaka

〔E〕Has she already gone home?
〔S〕¿Ha regresado ya ella?
〔P〕Ela já foi embora?
〔F〕Est-ce qu'elle est déjà rentrée chez elle?

授業は もう 終わりましたか？

Jugyou wa mou owarimashitaka

〔E〕Has the class already ended?
〔S〕¿Ha terminado ya la clase?
〔P〕A aula já terminou?
〔F〕Est-ce que le cours est déjà terminé?

あなたは お昼を もう 食べましたか？

Anata wa ohiru wo mou tabemashitaka

〔E〕Have you already eaten lunch?
〔S〕¿Has comido ya tu almuerzo?
〔P〕Você já almoçou?
〔F〕Est-ce que tu as déjà mangé(e) ton déjeuner?

お店を もう 予約しましたか？

Omise wo mou yoyaku shimashitaka

〔E〕Have you already booked the shop?
〔S〕¿Has reservado ya mesa?
〔P〕Você já reservou o restaurante?
〔F〕Est-ce que tu as déjà réservé(e) le restaurant?

～したことがあります

Track 23

～ shitakoto ga arimasu

〔Basic Phrase、Frase básica、Frase básica、Phrases de base〕

私(わたし)は 京都(きょうと)に 行(い)ったことが あります。

Watashi wa kyouto ni ittakoto ga arimasu

〔E〕I've been to Kyoto.
〔S〕He estado en Kyoto.
〔P〕Eu já estive em Quioto.
〔F〕Je suis déjà allé à Kyoto.

「～したことがあります」は、主語(しゅご)がある行為(こうい)を以前(いぜん)にやった経験(けいけん)があることを表(あらわ)します。

〔English〕 "～ shitakoto ga arimasu" is an expression to explain that the subject has already experienced a certain activity before.

〔Spanish〕 "～ shitakoto ga arimasu" expresa experiencia por una acción realizada previamente por el sujeto.

〔Português brasileiro〕 "～ shitakoto ga arimasu" indica que o sujeito possui uma experiência anterior na realização de uma determinada ação.

〔French〕 "～ shitakoto ga arimasu" est utilisé pour exprimer une action que le sujet a déjà faite , ou une expérience du passé.

〔Basic Pattern、Patrón básico、Padrão básico、Forme affirmative〕

～ は + ～ したことが ある
wa shitakoto ga aru

～ は + ～ したことが あります
wa shitakoto ga arimasu

基本パターンで言ってみよう!

私は 彼に 会ったことが あります。
Watashi wa kare ni attakoto ga arimasu

〔E〕I've met him.
〔S〕Yo lo he conocido (a él).
〔P〕Eu já conheço ele.
〔F〕Je l'ai déjà rencontré.

私は その映画を 見たことが あります。
Watashi wa sono eiga wo mitakoto ga arimasu

〔E〕I've seen the movie.
〔S〕He visto esa película.
〔P〕Eu já assisti a esse filme.
〔F〕J'ai déjà vu ce film.

私は 刺し身を 食べたことが あります。
Watashi wa sashimi wo tabetakoto ga arimasu

〔E〕I've eaten *sashimi*.
〔S〕He comido *sashimi*.
〔P〕Eu já comi *sashimi*.
〔F〕J'ai déjà mangé des *sashimis*.

私は 温泉に 入ったことが あります。
Watashi wa onsen ni haittakoto ga arimasu

〔E〕I have been to an *onsen*.
〔S〕He ido a *onsen* (baños termales).
〔P〕Eu já estive em um *onsen*.
〔F〕J'ai déjà été à un *onsen*.

彼の 名前を 聞いたことが あります。
Kare no namae wo kiitakoto ga arimasu

〔E〕I've heard his name.
〔S〕He oído su nombre (de él).
〔P〕Eu já ouvi o nome dele.
〔F〕J'ai déjà entendu son nom.

そこへ 3回 行ったことが あります。
Soko e san kai ittakoto ga arimasu

〔E〕I've been there three times.
〔S〕He ido ahí 3 veces.
〔P〕Eu já estive aí três vezes.
〔F〕Je suis déjà allé là-bas 3 fois.

応用

●否定パターン● 〔Negative pattern、Patrón en negativo、Padrão de negação、Forme négative〕

私は京都に行ったことがありません。
Watashi wa kyouto ni ittakoto ga arimasen

〔E〕I have never been to Kyoto.
〔S〕No he estado en Kyoto.
〔P〕Eu nunca estive em Quioto.
〔F〕Je n'ai jamais été à Kyoto.

私は彼に会ったことがありません。
Watashi wa kare ni attakoto ga arimasen

〔E〕I have never met him.
〔S〕No lo he conocido (a él).
〔P〕Eu nunca conheci ele.
〔F〕Je ne l'ai jamais vu.

その映画を見たことがありません。
Sono eiga wo mitakoto ga arimasen

〔E〕I've never seen that movie.
〔S〕No he visto esa película.
〔P〕Eu nunca assisti a esse filme.
〔F〕Je n'ai jamais vu ce film.

その曲を聞いたことがありません。
Sono kyoku wo kiitakoto ga arimasen

〔E〕I've never heard that song.
〔S〕No he oído esa canción.
〔P〕Eu nunca ouvi essa música.
〔F〕Je n'ai jamais entendu(e) cette chanson.

納豆を食べたことがありません。
Nattou wo tabetakoto ga arimasen

〔E〕I have never eaten *natto*.
〔S〕No he comido *natto*.
〔P〕Eu nunca comi *natto*.
〔F〕Je n'ai jamais mangé de *natto*.

温泉に入ったことがありません。
Onsen ni haittakoto ga arimasen

〔E〕I have never been to an *onsen*.
〔S〕No he ido a *onsen* (baños termales).
〔P〕Eu nunca estive em um *onsen*.
〔F〕Je n'ai jamais été dans un *onsen*.

●疑問パターン●（Interrogative pattern、Patrón en interrogativo、Padrão interrogativo、Forme interrogative）

京都に 行ったことが ありますか？
Kyouto ni ittakoto ga arimasuka

〔E〕Have you ever been to Kyoto?
〔S〕¿Has estado en Kyoto?
〔P〕Você já esteve em Quioto?
〔F〕Est-ce que vous avez déjà été à Kyoto?

彼に 会ったことが ありますか？
Kare ni attakoto ga arimasuka

〔E〕Have you ever met him?
〔S〕¿Lo has conocido (a él)?
〔P〕Você já conhece ele?
〔F〕Est-ce que tu l'as déjà rencontré?

その映画を 見たことが ありますか？
Sono eiga wo mitakoto ga arimasuka

〔E〕Have you seen that movie?
〔S〕¿Has visto esa película?
〔P〕Você já assistiu a esse filme?
〔F〕Est-ce que tu as vu ce film?

その曲を 聞いたことが ありますか？
Sono kyoku wo kiitakoto ga arimasuka

〔E〕Have you ever heard that song?
〔S〕¿Has oído esa canción?
〔P〕Você já ouviu essa música?
〔F〕Est-ce que tu as écouté(e) cette chanson?

お寿司を 食べたことが ありますか？
Osushi wo tabetakoto ga arimasuka

〔E〕Have you ever eaten *sushi*?
〔S〕¿Has comido *sushi*?
〔P〕Você já comeu *sushi*?
〔F〕Est-ce que vous avez déjà mangé des *sushis*?

温泉に 入ったことが ありますか？
Onsen ni haittakoto ga arimasuka

〔E〕Have you ever been to an *onsen*?
〔S〕¿Has ido a *onsen* (baños termales)?
〔P〕Você já esteve em um *onsen*?
〔F〕Est-ce que vous avez déjà été dans un *onsen*?

～（することが）できます

Track 24

～ (surukoto ga) dekimasu

〔Basic Phrase、Frase básica、Frase básica、Phrases de base〕

私(わたし)は 英語(えいご)を 話(はな)すことが できます。

Watashi wa eigo wo hanasukoto ga dekimasu

〔E〕I can speak English. 〔S〕Puedo hablar inglés.
〔P〕Eu sei falar inglês. 〔F〕Je sais parler anglais.

「～（することが）できます」は、ある行為(こうい)が可能(かのう)であること、能力(のうりょく)があることを表(あらわ)します。

〔English〕 "～ (surukoto ga) dekimasu" is an expression to explain that the subject is capable of doing a certain activity.

〔Spanish〕 "～ (surukoto ga) dekimasu" expresa la capacidad o posibilidad de realizar una acción del sujeto.

〔Português brasileiro〕 "～ (surukoto ga) dekimasu" indica que o sujeito é capaz de realizar uma determinada ação.

〔French〕 "～ (surukoto ga) dekimasu" est utilisé pour exprimer une habilité du sujet, ou quelque chose que le sujet a la possibilité de faire.

〔Basic Pattern、Patrón básico、Padrão básico、Forme affirmative〕

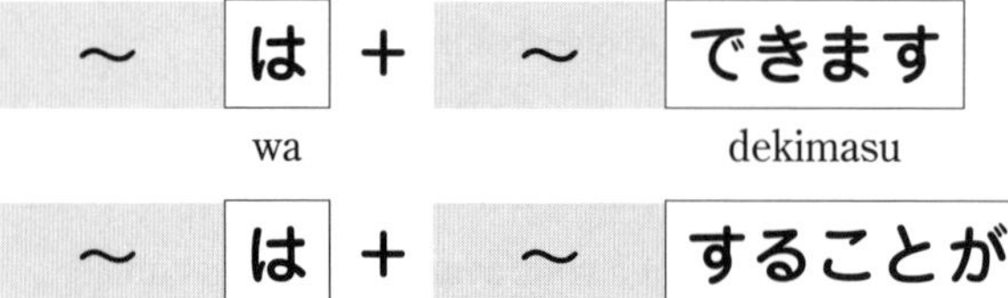

基本パターンで言ってみよう!

姉は 車を 運転できます。

Ane wa kuruma wo unten dekimasu

〔E〕My sister can drive a car.
〔S〕Mi hermana mayor puede manejar auto.
〔P〕A minha irmã sabe dirigir um carro.
〔F〕Ma sœur peut conduire.

彼女は 泳ぐことが できます。

Kanojo wa oyogukoto ga dekimasu

〔E〕She can swim.
〔S〕Ella puede nadar.
〔P〕Ela sabe nadar.
〔F〕Elle arrive à nager.

今日、私は 残業できます。

Kyou watashi wa zangyou dekimasu

〔E〕I can work overtime today.
〔S〕Hoy puedo hacer horas extra.
〔P〕Eu posso fazer hora extra hoje.
〔F〕Je peux faire des heures supplémentaires aujourd'hui.

彼は 日本語を 話すことが できます。

Kare wa nihongo wo hanasukoto ga dekimasu

〔E〕He can speak Japanese.
〔S〕Él puede hablar japonés.
〔P〕Ele sabe falar japonês.
〔F〕Il sait parler japonais.

私は 漢字を 読むことが できます。

Watashi wa kanji wo yomukoto ga dekimasu

〔E〕I can read *kanji.*
〔S〕Puedo leer *kanji.*
〔P〕Eu sei ler *kanji.*
〔F〕Je peux lire les *kanjis* .

彼は 平仮名を 書くことが できます。

Kare wa hiragana wo kakukoto ga dekimasu

〔E〕He can write *hiragana.*
〔S〕Él puede escribir *hiragana.*
〔P〕Ele sabe escrever *hiragana.*
〔F〕Il peut écrire les *hiraganas.*

応(おう)用(よう)

●否定(ひてい)パターン●

〔Negative pattern、Patrón en negativo、Padrão de negação、Forme négative〕

姉(あね)は 車(くるま)を 運転(うんてん)できません。

Ane wa kuruma wo unten dekimasen

〔E〕My sister can't drive a caxr.

〔S〕Mi hermana mayor no puede manejar auto.

〔P〕A minha irmã não sabe dirigir um carro.

〔F〕Ma sœur ne peut pas conduire.

今日(きょう)、私(わたし)は 残業(ざんぎょう)できません。

Kyou watashi wa zangyou dekimasen

〔E〕I can't work overtime today.

〔S〕Hoy no puedo hacer horas extra.

〔P〕Eu não posso fazer hora extra hoje.

〔F〕Je ne peux pas faire d'heures supplémentaires aujourd'hui.

彼(かれ)は 日本語(にほんご)を 話(はな)すことが できません。

Kare wa nihongo wo hanasukoto ga dekimasen

〔E〕He can't speak Japanese.

〔S〕Él no puede hablar japonés.

〔P〕Ele não sabe falar japonês.

〔F〕Il ne sait pas parler japonais.

私(わたし)は 漢字(かんじ)を 読(よ)むことが できません。

Watashi wa kanji wo yomukoto ga dekimasen

〔E〕I can't read *kanji.*

〔S〕No puedo leer *kanji.*

〔P〕Eu não sei ler *kanji.*

〔F〕Je ne peux pas lire les *kanjis.*

彼(かれ)は 平仮名(ひらがな)を 書(か)くことが できません。

Kare wa hiragana wo kakukoto ga dekimasen

〔E〕He can't write *hiragana.*

〔S〕Él no puede escribir *hiragana.*

〔P〕Ele não sabe escrever *hiragana.*

〔F〕Il ne peut pas écrire les *hiraganas.*

●疑問(ぎもん)パターン●

〔Interrogative pattern、Patrón en interrogativo、Padrão interrogativo、Forme interrogative〕

彼女(かのじょ)は 車(くるま)を 運転(うんてん)できますか？

Kanojo wa kuruma wo unten dekimasuka

〔E〕Can she drive a car?
〔S〕¿Puede ella manejar auto?
〔P〕Ela sabe dirigir um carro?
〔F〕Est-ce qu'elle peut conduire?

今日(きょう)、あなたは 残業(ざんぎょう)できますか？

Kyou anata wa zangyou dekimasuka

〔E〕Can you work overtime today?
〔S〕¿Puedes hacer horas extra hoy?
〔P〕Você pode fazer hora extra hoje?
〔F〕Est-ce que tu peux faire des heures supplémentaires aujourd'hui?

彼(かれ)は 日本語(にほんご)を 話(はな)すことができますか？

Kare wa nihongo wo hanasukoto ga dekimasuka

〔E〕Can he speak Japanese?
〔S〕¿Puede él hablar japonés?
〔P〕Ele sabe falar japonês?
〔F〕Est-ce qu'il sait parler japonais?

あなたは 漢字(かんじ)を 読(よ)むことができますか？

Anata wa kanji wo yomukoto ga dekimasuka

〔E〕Can you read *kanji*?
〔S〕¿Puedes leer *kanji*?
〔P〕Você sabe ler *kanji*?
〔F〕Est-ce que tu peux lire les *kanjis*?

彼(かれ)は 平仮名(ひらがな)を 書(か)くことができますか？

Kare wa hiragana wo kakukoto ga dekimasuka

〔E〕Can he write *hiragana*?
〔S〕¿Puede él escribir *hiragana*?
〔P〕Ele sabe escrever *hiragana*?
〔F〕Est-ce qu'il peut écrire les *hiraganas*?

～してもいいです

Track 25

～ shitemo iidesu

〔Basic Phrase、Frase básica、Frase básica、Phrases de base〕

これを 使(つか)ってもいいです。

Kore wo　tsukattemo iidesu

〔E〕You may use this.　〔S〕Puedes usar esto.

〔P〕Você pode usar isto.　〔F〕Tu peux t'en servir.

「～してもいいです」「～してもよいです」は、ある行為(こうい)を許可(きょか)する表現(ひょうげん)です。

〔English〕	"~ shitemoiidesu" "~ shitemoyoidesu" is an expression to explain that the subject is allowed to do a certain activity.
〔Spanish〕	"~ shitemoiidesu" "~ shitemoyoidesu" expresa permiso para realizar una acción.
〔Português brasileiro〕	"~ shitemoiidesu" "~ shitemoyoidesu" indicam que o sujeito tem a permissão para realizar uma determinada ação.
〔French〕	"~ shitemoiidesu" "~ shitemoyoidesu" sont utilisés pour autoriser une action spécifique.

〔Basic Pattern、Patrón básico、Padrão básico、Forme affirmative〕

(…で) + ～ してもいいです

de　shitemo iidesu

(…で) + ～ してもよいです

de　shitemo yoidesu

基本パターンで言ってみよう!

これを 見てもいいです。
Kore wo mitemo iidesu

〔E〕You may look at this.
〔S〕Puedes ver esto.
〔P〕Você pode ver isto.
〔F〕Tu peux le regarder.

ここで 食べてもいいです。
Koko de tabetemo iidesu

〔E〕You may eat here.
〔S〕Puedes comer aquí.
〔P〕Você pode comer aqui.
〔F〕Tu peux manger ici.

ここで 休憩してもいいです。
Koko de kyukei shitemo iidesu

〔E〕You may take a break here.
〔S〕Puedes descansar aquí.
〔P〕Você pode descansar aqui.
〔F〕Tu peux faire une pause ici.

ここで 写真を 撮ってもいいです。
Koko de shashin wo tottemo iidesu

〔E〕You may take a picture here.
〔S〕Puedes tomar fotos aquí.
〔P〕Você pode tirar fotos aqui.
〔F〕Tu peux prendre des photos ici.

ここに 車を 停めてもいいです。
Koko ni kuruma wo tometemo iidesu

〔E〕You may park your car here.
〔S〕Puedes estacionar el auto aquí.
〔P〕Você pode estacionar o seu carro aqui.
〔F〕Vous pouvez garer votre voiture ici.

今日、早く 帰ってもいいです。
Kyou hayaku kaettemo iidesu

〔E〕You may leave early today.
〔S〕Hoy puedes irte temprano.
〔P〕Você pode sair mais cedo hoje.
〔F〕Tu peux rentrer tôt aujourd'hui.

応用（おうよう）

•否定パターン•（ひてい）
〔Negative pattern、Patrón en negativo、Padrão de negação、Forme négative〕

(…で) + ～ してもいいです
de shitemo iidesu
↓
(…で) + ～ してはいけません
de shitewa ikemasen

これを 使っては いけません。（つか）
Kore wo tsukattewa ikemasen

〔E〕You must not use this.
〔S〕No puedes usar esto.
〔P〕Você não pode usar isto.
〔F〕Vous ne pouvez pas vous en servir.

そこへ 行っては いけません。（い）
Soko e ittewa ikemasen

〔E〕You must not go there.
〔S〕No puedes ir ahí.
〔P〕Você não pode ir aí.
〔F〕Vous ne pouvez pas aller là-bas.

ここに 入っては いけません。（はい）
Koko ni haittewa ikemasen

〔E〕You must not come in here.
〔S〕No puedes entrar aquí.
〔P〕Você não pode entrar aqui.
〔F〕Vous ne pouvez pas entrer ici.

ここで 話しては いけません。（はな）
Koko de hanashitewa ikemasen

〔E〕You must not talk here.
〔S〕No puedes hablar aquí.
〔P〕Você não pode falar aqui.
〔F〕Vous ne pouvez pas parler ici.

ここで 食べては いけません。（た）
Koko de tabetewa ikemasen

〔E〕You must not eat here.
〔S〕No puedes comer aquí.
〔P〕Você não pode comer aqui.
〔F〕Vous ne pouvez pas manger ici.

ここで お酒を 飲んでは いけません。（さけ、の）
Koko de osake wo nondewa ikemasen

〔E〕You must not drink alcohol here.
〔S〕No puedes beber alcohol aquí.
〔P〕Você não pode beber álcool aqui.
〔F〕Vous ne pouvez pas boire de l’alcool ici.

●疑問パターン●

〔Interrogative pattern、Patrón en interrogativo、Padrão interrogativo、Forme interrogative〕

de　　shitemo iidesu

↓

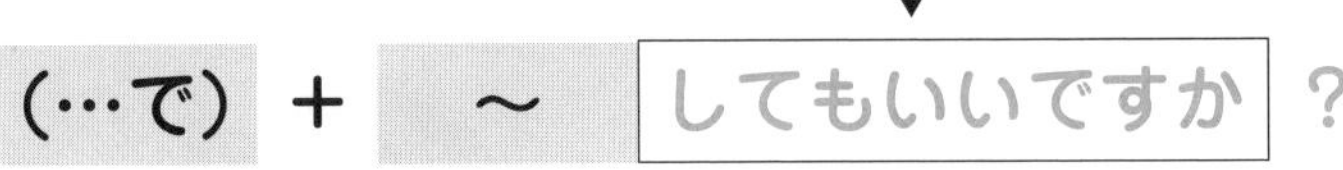

de　　shitemo iidesuka

カードで 払ってもいいですか？

Kado de　　harattemo iidesuka

〔E〕Can I pay by card?
〔S〕¿Puedo pagar con tarjeta?
〔P〕Eu posso pagar com cartão (de crédito)?
〔F〕Est-ce que je peux payer par carte?

これを 試着してもいいですか？

Kore wo　　shichaku shitemo iidesuka

〔E〕Can I try this on?
〔S〕¿Puedo probarme esto?
〔P〕Eu posso provar esta roupa?
〔F〕Est-ce que je peux l'essayer?

これを 使ってもいいですか？

Kore wo　　tsukattemo iidesuka

〔E〕Can I use this?
〔S〕¿Puedo usar esto?
〔P〕Eu posso usar isto?
〔F〕Est-ce que je peux m'en servir?

そこへ 行ってもいいですか？

Soko e　　ittemo iidesuka

〔E〕Can I go there?
〔S〕¿Puedo ir ahí?
〔P〕Eu posso ir aí?
〔F〕Est-ce que je peux aller là-bas?

ここで 写真を 撮ってもいいですか？

Koko de　　shashin wo　　tottemo iidesuka

〔E〕Can I take a picture here?
〔S〕¿Puedo tomar fotografías aquí?
〔P〕Eu posso tirar uma foto aqui?
〔F〕Est-ce que je peux prendre une photo ici?

今日、早く 帰ってもいいですか？

Kyou　　hayaku　　kaettemo iidesuka

〔E〕Can I leave early today?
〔S〕¿Puedo irme temprano hoy?
〔P〕Eu posso sair mais cedo hoje?
〔F〕Est-ce que je peux rentrer plus tôt aujourd'hui?

～は何(なん)ですか？

Track 26

～ wa nan desuka

〔Basic Phrase、Frase básica、Frase básica、Phrases de base〕

これは何(なん)ですか？

Kore wa nan desuka

〔E〕What is this? 〔S〕¿Qué es esto?

〔P〕O que é isto? 〔F〕C'est quoi ça?

「～は何(なん)ですか？」は、物(もの)の名前(なまえ)をたずねたり、相手(あいて)に趣味(しゅみ)などをたずねる表現(ひょうげん)です。

〔English〕 "～ wa nandesuka?" is an expression to ask about a certain thing (like a hobby) or what to call it.

〔Spanish〕 "～ wa nandesuka?" expresión para preguntar por el nombre de algo o intereses, aficiones, etc. al interlocutor.

〔Português brasileiro〕 "～ wa nandesuka?" é usada para perguntar sobre um determinado assunto (nomes de objetos, hobbies, etc.).

〔French〕 "～ wa nandesuka?" est une expression pour demander des informations à propos de certaines choses en particulier. (Loisirs et goûts, par exemple)

〔Basic Pattern、Patrón básico、Padrão básico、Forme affirmative〕

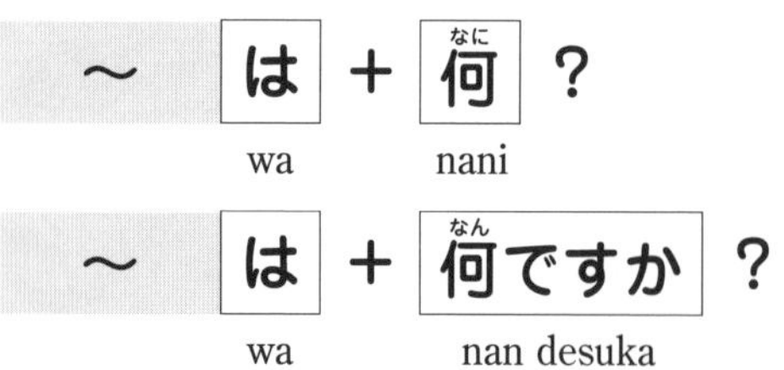

基本パターンで言ってみよう!

あなたの 趣味は 何ですか？

Anata no shumi wa nan desuka

[E] What is your hobby?
[S] ¿Cuáles son tus aficiones?
[P] Qual é o seu hobby?
[F] Quels sont tes loisirs?

あなたの 夢は 何ですか？

Anata no yume wa nan desuka

[E] What is your dream?
[S] ¿Cuáles son tus sueños?
[P] Qual é o seu sonho?
[F] Quel est ton rêve?

あの 建物は 何ですか？

Ano tatemono wa nan desuka

[E] What is that building?
[S] ¿Qué es aquel edificio?
[P] O que é aquele prédio?
[F] Quel est ce bâtiment?

今日の ランチは 何ですか？

Kyou no ranchi wa nan desuka

[E] What is for lunch today?
[S] ¿Cuál es el almuerzo de hoy?
[P] O que tem para o almoço de hoje?
[F] Qu'est-ce qu'on a au déjeuner aujourd'hui?

あなたの 好きな食べ物は 何ですか？

Anata no sukina tabemono wa nan desuka

[E] What is your favorite food?
[S] ¿Qué comidas son las que te gustan?
[P] Qual é a sua comida favorita?
[F] Quelle est ta nourriture préférée?

<何の>

これは 何の 肉ですか？

Kore wa nan no niku desuka

[E] What meat is this?
[S] ¿De qué es esta carne?
[P] Que tipo de carne é esta?
[F] C'est quel genre de viande ça?

応用（おうよう）

•応用パターン•
〔Advanced Patterns、Patrones aplicados、
Padrão de aplicação、Forme neutre〕

何（なに） を ～ しますか ？
Nani wo shimasuka

何（なに） を ～ していますか ？
Nani wo shiteimasuka

何（なに） を ～ したいですか ？
Nani wo shitaidesuka

休日（きゅうじつ）に 何（なに）を しますか？
Kyujitsu ni nani wo shimasuka

〔E〕What do you do on holidays?
〔S〕¿Qué haces en tu día de descanso?
〔P〕O que você faz nos feriados?
〔F〕Qu'est-ce que tu fais pendant tes repos?

今（いま）、何（なに）を 見（み）ていますか？
Ima nani wo miteimasuka

〔E〕What are you looking at now?
〔S〕¿Qué estás viendo ahora?
〔P〕O que você está assistindo agora?
〔F〕Qu'est-ce que tu regardes, là?

お昼（ひる）に 何（なに）を 食（た）べたいですか？
Ohiru ni nani wo tabetaidesuka

〔E〕What would you like to eat for lunch?
〔S〕¿Qué quieres almorzar?
〔P〕O que você quer comer no almoço?
〔F〕Qu'est-ce que tu veux manger à midi?

お店（みせ）で 何（なに）を 買（か）いたいですか？
Omise de nani wo kaitaidesuka

〔E〕What would you like to buy at the store?
〔S〕¿Qué quieres comprar en la tienda?
〔P〕O que você quer comprar na loja?
〔F〕Qu'est-ce que tu veux acheter au magasin?

●応用パターン●

〔Advanced Patterns、Patrones aplicados、Padrão de aplicação、Forme neutre〕

～ は + 何でしたか ？

wa nan deshitaka

何 を ～ しましたか ？

Nani wo shimashitaka

何 を ～ していましたか ？

Nani wo shiteimashitaka

あなたの 専攻は 何でしたか？

Anata no senkou wa nan deshitaka

〔E〕What was your major?
〔S〕¿Cuál fue tu carrera?
〔P〕Qual era a sua área de formação?
〔F〕C'est quoi ta spécialité?

昨日、何を しましたか？

Kinou nani wo shimashitaka

〔E〕What did you do yesterday?
〔S〕¿Qué hiciste ayer?
〔P〕O que você fez ontem?
〔F〕Qu'est-ce que tu as fait hier?

昨日、何を 勉強しましたか？

Kinou nani wo benkyoushimashitaka

〔E〕What did you study yesterday?
〔S〕¿Qué estudiaste ayer?
〔P〕O que você estudou ontem?
〔F〕Qu'est-ce que tu as étudié(e) hier?

彼は 何を 読んでいましたか？

Kare wa nani wo yondeimashitaka

〔E〕What was he reading?
〔S〕¿Qué estaba leyendo él?
〔P〕O que ele estava lendo?
〔F〕Qu'est-ce qu'il a lu?

～は 誰(だれ)ですか？

Track 27

～ wa dare desuka

〔Basic Phrase、Frase básica、Frase básica、Phrases de base〕

彼女(かのじょ)は 誰(だれ)ですか？

Kanojo wa　　dare desuka

〔E〕Who is she?　〔S〕¿Quién es ella?

〔P〕Quem é ela?　〔F〕C'est qui elle?

「～は誰(だれ)ですか？」は、ある人(ひと)の名前(なまえ)をたずねたり、よく知(し)らない人(ひと)についてたずねる表現(ひょうげん)です。

〔English〕 "~ wa daredesuka?" is an expression to ask about a certain person or how to call him or her.

〔Spanish〕 "~ wa daredesuka?" expresión para preguntar por el nombre de alguna persona o sobre alguien a quien no se conoce bien.

〔Português brasileiro〕 "~ wa daredesuka?" é usada para perguntar o nome de uma pessoa ou sobre alguém que não conhecemos.

〔French〕 "~ wa daredesuka?" est une expression utilisée pour demander le nom d'une personne, ou pour s'adresser à des inconnus.

〔Basic Pattern、Patrón básico、Padrão básico、Forme affirmative〕

～ は ＋ 誰(だれ) ？

wa　dare

～ は ＋ 誰(だれ)ですか ？

wa　dare desuka

基本パターンで言ってみよう!

あの人は 誰ですか？

Ano hito wa　dare desuka

〔E〕Who is that person?
〔S〕¿Quién es aquella persona?
〔P〕Quem é aquela pessoa?
〔F〕Qui est cette personne?

好きな 歌手は 誰ですか？

Sukina　kashu wa　dare desuka

〔E〕Who is your favorite singer?
〔S〕¿Quién es el / la cantante que te gusta?
〔P〕Quem é o seu cantor favorito?
〔F〕Qui est ton chanteur préféré?

日本語の 先生は 誰ですか？

Nihongo no　sensei wa　dare desuka

〔E〕Who is the Japanese language teacher?
〔S〕¿Quién es el / la profesor /-a de japonés?
〔P〕Quem é o/a professor/a de japonês?
〔F〕Qui est ton professeur / ta professeur de japonais?

今日の 当番は 誰ですか？

Kyou no　touban wa　dare desuka

〔E〕Who's on duty today?
〔S〕¿A quién le toca el turno hoy?
〔P〕Quem está de plantão hoje?
〔F〕Qui est de garde aujourd'hui?

ここの 責任者は 誰ですか？

Koko no　sekininsha wa　dare desuka

〔E〕Who is responsible here?
〔S〕¿Quién es el responsable aquí?
〔P〕Quem é o responsável aqui?
〔F〕Qui est le chef ici?

＜誰の＞

これは 誰のかばん ですか？

Kore wa　dare no kaban　desuka

〔E〕Whose bag is this?
〔S〕¿De quién es esta bolsa?
〔P〕De quem é esta bolsa?
〔F〕À qui est ce sac?

応用

●応用パターン●

〔Advanced Patterns、Patrones aplicados、Padrão de aplicação、Forme neutre〕

誰 が ～ しますか ？
Dare ga shimasuka

誰 が ～ していますか ？
Dare ga shiteimasuka

誰 に ～ したいですか ？
Dare ni shitaidesuka

誰が そこへ 行きますか？
Dare ga soko e ikimasuka

〔E〕Who goes there?
〔S〕¿Quién va ahí?
〔P〕Quem vai até aí?
〔F〕Qui va là-bas?

誰が 歌っていますか？
Dare ga utatte imasuka

〔E〕Who's singing?
〔S〕¿Quién está cantando?
〔P〕Quem está cantando?
〔F〕Quelqu'un est en train de chanter?

あなたは 誰に 会いたいですか？
Anata wa dare ni aitaidesuka

〔E〕Who would you like to meet?
〔S〕¿A quién quieres ver?
〔P〕Com quem você quer se encontrar?
〔F〕Tu aimerais rencontrer quelqu'un?

あなたは 誰に 聞きたいですか？
Anata wa dare ni kikitaidesuka

〔E〕Who would you like to ask ?
〔S〕¿A quién quieres preguntar?
〔P〕Para quem você quer perguntar?
〔F〕À qui veux-tu demander ça?

●応用パターン●

〔Advanced Patterns、Patrones aplicados、Padrão de aplicação、Forme neutre〕

誰が ～ しましたか？
Dare ga shimashitaka

誰が ～ していましたか？
Dare ga shiteimashitaka

誰に ～ しましたか？
Dare ni shimashitaka

誰が ここへ 来ましたか？

Dare ga koko e kimashitaka

〔E〕Who came here?
〔S〕¿Quién ha venido aquí?
〔P〕Quem veio aqui?
〔F〕Quelqu'un est venu ici?

誰が 運転していましたか？

Dare ga untensite imashitaka

〔E〕Who was driving the car?
〔S〕¿Quién conducía?
〔P〕Quem estava dirigindo?
〔F〕Qui a conduit?

誰が 写真を 撮っていましたか？

Dare ga shashin wo totte imashitaka

〔E〕Who was taking pictures?
〔S〕¿Quién estaba tomando una foto?
〔P〕Quem estava tirando fotos?
〔F〕Qui a pris la photo?

昨日、誰に 会いましたか？

Kinou dare ni aimashitaka

〔E〕Who did you meet yesterday?
〔S〕¿A quién viste ayer?
〔P〕Com quem você se encontrou ontem?
〔F〕Qui as-tu été voir hier?

～は いつですか？

Track 28

～ wa itsu desuka

基本（きほん）フレーズ〔Basic Phrase、Frase básica、Frase básica、Phrases de base〕

誕生日（たんじょうび）は いつですか？

Tanjoubi wa　　itsu desuka

〔E〕When is your birthday?　〔S〕¿Cuándo es tu cumpleaños?

〔P〕Quando é o seu aniversário?　〔F〕Quand est ton anniversaire?

「～はいつですか？」は、行事（ぎょうじ）などが行（おこな）われる時期（じき）や日（ひ）にちをたずねる表現（ひょうげん）です。

〔English〕	"～ wa itsudesuka?" is an expression to ask when a certain event is held.
〔Spanish〕	"～ wa itsudesuka?" expresión para preguntar por el tiempo o el día en que un evento, etc. se va a realizar.
〔Português brasileiro〕	"～ wa itsudesuka?" é usada para perguntar sobre a realização de um determinado evento (data, horário, etc.).
〔French〕	"～ wa itsudesuka?"est une expression qui indique le moment d'une action ou d'un évènement.

●基本（きほん）パターン●〔Basic Pattern、Patrón básico、Padrão básico、Forme affirmative〕

～ は + いつ ？
wa　itsu

～ は + いつですか ？
wa　itsu desuka

基本パターンで言ってみよう!

休みは いつですか？

Yasumi wa itsu desuka

〔E〕When are you on holiday?
〔S〕¿Cuándo es tu descanso?
〔P〕Quando é o seu dia de folga?
〔F〕Quand es-tu en repos?

試験は いつですか？

Shiken wa itsu desuka

〔E〕When is the exam held?
〔S〕¿Cuándo es el examen?
〔P〕Quando é a prova?
〔F〕Quand est l'examen?

面接は いつですか？

Mensetsu wa itsu desuka

〔E〕When is the interview held?
〔S〕¿Cuándo es la entrevista?
〔P〕Quando é a entrevista?
〔F〕Quand est l'entretient?

給料日は いつですか？

Kyuryoubi wa itsu desuka

〔E〕When is payday?
〔S〕¿Cuándo es el día de pago?
〔P〕Quando é o dia do pagamento?
〔F〕Quand est le jour de paye?

彼の 結婚式は いつですか？

Kare no kekkonshiki wa itsu desuka

〔E〕When is his wedding ceremony?
〔S〕¿Cuándo es la boda de él?
〔P〕Quando é o casamento dele?
〔F〕Quand est sa cérémonie de mariage?

引っ越しは いつですか？

Hikkoshi wa itsu desuka

〔E〕When is the day of moving?
〔S〕¿Cuándo es la mudanza?
〔P〕Quando é o dia da mudança?
〔F〕Quand est le déménagement?

応用

応用パターン

〔Advanced Patterns、Patrones aplicados、Padrão de aplicação、Forme neutre〕

いつ　～　しますか？
Itsu　shimasuka

いつ　～　したいですか？
Itsu　shitaidesuka

いつ　～　しましょうか？
Itsu　shimashouka

いつ 引っ越ししますか？
Itsu　hikkoshishimasuka

〔E〕When will you move?
〔S〕¿Cuándo haces la mudanza?
〔P〕Quando você vai se mudar?
〔F〕Quand est-ce que tu déménages?

いつ 帰国しますか？
Itsu　kikokushimasuka

〔E〕When will you return to your country?
〔S〕¿Cuándo vuelves a tu país?
〔P〕Quando você vai retornar ao seu país?
〔F〕Quand est-ce que tu retournes dans ton pays?

冬休みは いつ 始まりますか？
Huyuyasumi wa　itsu　hajimarimasuka

〔E〕When does winter vacation start?
〔S〕¿Cuándo empiezan las vacaciones de invierno?
〔P〕Quando começam as férias de inverno?
〔F〕Quand est-ce que les vacances d’hiver commencent?

いつ 大阪へ 行きたいですか？
Itsu　osaka e　ikitaidesuka

〔E〕When do you want to go to Osaka?
〔S〕¿Cuándo quieres ir a Osaka?
〔P〕Quando você quer ir para Osaka?
〔F〕Quand est-ce que tu veux aller à Osaka?

いつ 会いましょうか？
Itsu　aimashouka

〔E〕When will we meet?
〔S〕¿Cuándo nos encontraremos?
〔P〕Quando nós vamos nos encontrar?
〔F〕On se voit quand?

●応用(おうよう)パターン●

〔Advanced Patterns、Patrones aplicados、Padrão de aplicação、Forme neutre〕

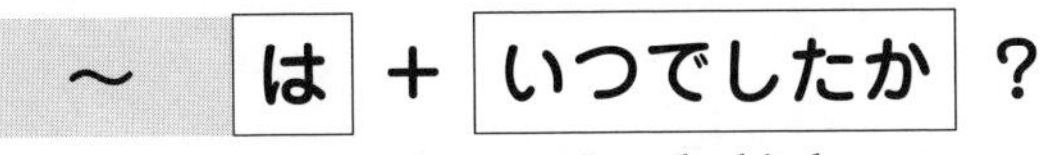

wa　　itsu deshitaka

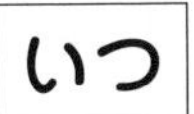  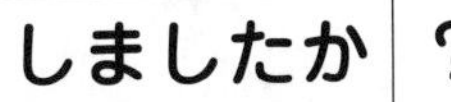

Itsu　　shimashitaka

試験(しけん)は いつでしたか？

Shiken wa　　itsu deshitaka

〔E〕When was the exam held?
〔S〕¿Cuándo era el examen?
〔P〕Quando foi a prova?
〔F〕C'était quand l'examen?

面接(めんせつ)は いつでしたか？

Mensetsu wa　　itsu deshitaka

〔E〕When was the interview held?
〔S〕¿Cuándo era la entrevista?
〔P〕Quando foi a entrevista?
〔F〕C'était quand l'entretient?

いつ 日本(にほん)へ 来(き)ましたか？

Itsu　　nihon e　　kimashitaka

〔E〕When did you come to Japan?
〔S〕¿Cuándo viniste a Japón?
〔P〕Quando você veio para o Japão?
〔F〕Quand est-ce que tu es venu(e) au Japon?

いつ 彼女(かのじょ)に 会(あ)いましたか？

Itsu　　kanojo ni　　aimashitaka

〔E〕When did you meet her?
〔S〕¿Cuándo la viste (a ella)?
〔P〕Quando você se encontrou com ela?
〔F〕Quand est-ce que tu l'as vu (e)?

京都(きょうと)へ いつ 行(い)きましたか？

Kyouto e　　itsu　　ikimashitaka

〔E〕When did you go to Kyoto?
〔S〕¿Cuándo fuiste a Kyoto?
〔P〕Quando você foi para Quioto?
〔F〕Quand est-ce que tu es allé(e) à Kyoto?

---

19 ～は どこですか？

Track 29

～ wa doko desuka

基本フレーズ 〔Basic Phrase、Frase básica、Frase básica、Phrases de base〕

駅は どこですか？

Eki wa　　doko desuka

〔E〕Where is the station?　〔S〕¿Dónde está la estación?

〔P〕Onde é a estação?　〔F〕Où est la gare?

「～はどこですか？」は、自分が行きたい所（店、駅、トイレなど）の場所をたずねる表現です。

〔English〕 "～ wa dokodesuka?" is an expression to ask where is a certain location (like a store, station or bathroom, etc.).

〔Spanish〕 "～ wa dokodesuka?" expresión para preguntar por un lugar (tienda, estación, baño, etc.) al que uno quiere ir.

〔Português brasileiro〕 "～ wa dokodesuka?" é usada para perguntar a localização de um lugar, como loja, estação, banheiro, etc.

〔French〕 "～ wa dokodesuka?" est une expression pour demander la localisation d'un lieu (magasin, la gare, les toilettes etc.).

●基本パターン● 〔Basic Pattern、Patrón básico、Padrão básico、Forme affirmative〕

～ は ＋ どこ ？
wa　doko

～ は ＋ どこですか ？
wa　doko desuka

基本パターンで言ってみよう!

市役所は どこですか？

Shiyakusho wa　doko desuka

〔E〕Where is the City Hall?
〔S〕¿Dónde está el ayuntamiento?
〔P〕Onde é a prefeitura?
〔F〕Où est la mairie?

交番は どこですか？

Kouban wa　doko desuka

〔E〕Where is the police box?
〔S〕¿Dónde está el puesto de policía?
〔P〕Onde é o Koban (posto policial)?
〔F〕Où est le commissariat de police?

トイレは どこですか？

Toire wa　doko desuka

〔E〕Where is the bathroom?
〔S〕¿Dónde está el servicio?
〔P〕Onde é o banheiro?
〔F〕Où sont les toilettes?

食品売り場は どこですか？

Shokuhin uriba wa　doko desuka

〔E〕Where is the food market?
〔S〕¿Dónde está la sección de comida?
〔P〕Onde é a seção de alimentos?
〔F〕Où est-ce qu'on peut acheter de la nourriture?

A 教室は どこですか？

Ē kyoushitsu wa　doko desuka

〔E〕Where is classroom A?
〔S〕¿Dónde está el aula A?
〔P〕Onde é a sala de aula A?
〔F〕Où est la classe A?

私の 席は どこですか？

Watashi no seki wa　doko desuka

〔E〕Where is my seat?
〔S〕¿Dónde está mi asiento?
〔P〕Onde é o meu assento?
〔F〕Où est mon siège?

応用(おうよう)

応用(おうよう)パターン

〔Advanced Patterns、Patrones aplicados、Padrão de aplicação、Forme neutre〕

～ は + どこ に いますか、ありますか ？
wa doko ni imasuka arimasuka

どこ で ～ しますか、しましょうか、したいですか ？
Doko de shimasuka shimashouka shitaidesuka

どこ へ ～ しますか、しましょうか、したいですか ？
Doko e shimasuka shimashouka shitaidesuka

あなたは 今(いま) どこに いますか？
Anata wa ima doko ni imasuka

〔E〕Where are you now?
〔S〕¿Dónde estás tú ahora?
〔P〕Onde você está agora?
〔F〕Où es-tu en ce moment?

書類(しょるい)は どこに ありますか？
Shorui wa doko ni arimasuka

〔E〕Where can I find the documents?
〔S〕¿Dónde están los documentos?
〔P〕Onde está o documento?
〔F〕Où se trouvent les documents?

どこで 会(あ)いましょうか？
Doko de aimashouka

〔E〕Where shall we meet?
〔S〕¿Dónde nos veremos?
〔P〕Onde nós vamos nos encontrar?
〔F〕Où est-ce qu'on se voit?

どこへ 行(い)きたいですか？
Doko e ikitai desuka

〔E〕Where do you want to go?
〔S〕¿Dónde quieres ir?
〔P〕(Para) onde você quer ir?
〔F〕Où est-ce que tu veux aller?

どこへ 荷物(にもつ)を 置(お)きましょうか？
Doko e nimotsu wo okimashouka

〔E〕Where should I put my luggage?
〔S〕¿Dónde dejaremos el equipaje?
〔P〕Onde posso deixar a minha bagagem?
〔F〕Où est-ce que je pose vos affaires?

●応用パターン●

〔Advanced Patterns、Patrones aplicados、Padrão de aplicação、Forme neutre〕

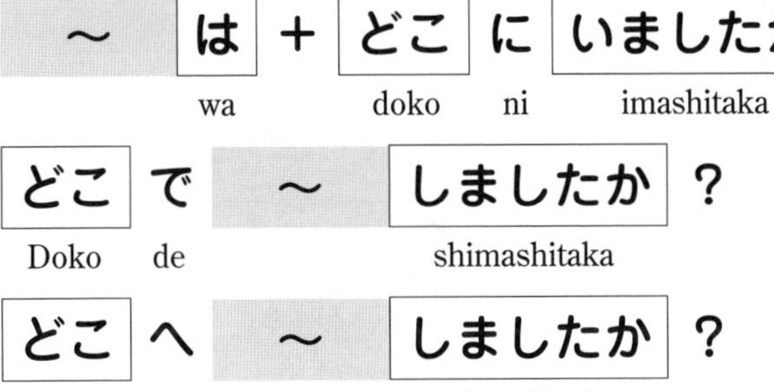

彼は どこに いましたか？

Kare wa doko ni imashitaka

〔E〕Where was he?
〔S〕¿Dónde estaba él?
〔P〕Onde ele estava?
〔F〕Où est-il passé?

辞書は どこに ありましたか？

Jisho wa doko ni arimashitaka

〔E〕Where was the dictionary?
〔S〕¿Dónde estaba el diccionario?
〔P〕Onde estava o dicionário?
〔F〕Où était le dictionnaire?

どこで 彼女を 見ましたか？

Doko de kanojo wo mimashitaka

〔E〕Where did you see her?
〔S〕¿Dónde la viste a ella?
〔P〕Onde você a viu?
〔F〕Où est-ce que tu l'as vu(e)?

昨日 どこへ 行きましたか？

Kinou doko e ikimashitaka

〔E〕Where did you go yesterday?
〔S〕¿Dónde fuiste ayer?
〔P〕Onde você foi ontem?
〔F〕Où es-tu allé(e) hier?

車を どこへ 停めましたか？

Kuruma wo doko e tomemashitaka

〔E〕Where did you park your car?
〔S〕¿Dónde estacionaste el auto?
〔P〕Onde você estacionou o carro?
〔F〕Où as-tu garé(e) la voiture?

どうして～？　なぜ～？

Track 30

Doushite ～？　Naze ～？

〔Basic Phrase、Frase básica、Frase básica、Phrases de base〕

どうして そう思（おも）うの？

Doushite　sou omouno

〔E〕Why do you think so?　〔S〕¿Por qué crees eso?

〔P〕Por que você acha isso?　〔F〕Pourquoi tu penses ça?

「どうして～？」「なぜ～？」は、理由（りゆう）・原因（げんいん）などをたずねる表現（ひょうげん）です。

〔English〕 "Doushite ~?" "Naze ~?" are expressions to ask the reason or cause of a certain action.

〔Spanish〕 "Doushite ~?" "Naze ~?" son expresiones para preguntar razón o causa.

〔Português brasileiro〕 "Doushite ~?" "Naze ~?" são usadas para perguntar o motivo ou a causa de algo.

〔French〕 "Doushite ~?" "Naze ~?" sont des expressions utilisées pour demander la raison ou cause d'une chose en particulier.

〔Basic Pattern、Patrón básico、Padrão básico、Forme affirmative〕

どうして	～	するの（ですか）	？
Doushite		suruno (desuka)	

なぜ	～	するの（ですか）	？
Naze		suruno (desuka)	

基本パターンで言ってみよう!

どうして そこへ 行くの？

Doushite soko e ikuno

〔E〕Why are you going there?
〔S〕¿Por qué vas ahí?
〔P〕Por que você vai aí?
〔F〕Pourquoi tu vas là-bas?

どうして それを 知りたいの？

Doushite sore wo shiritaino

〔E〕Why do you want to know that?
〔S〕¿Por qué quieres saberlo?
〔P〕Por que você quer saber isso?
〔F〕Pourquoi tu veux savoir ça?

どうして 給料が 少ないの？

Doushite kyuryou ga sukunaino

〔E〕Why is my salary so low?
〔S〕¿Por qué es baja mi paga?
〔P〕Por que o meu salário é tão baixo?
〔F〕Pourquoi mon salaire est si bas?

なぜ 彼は 今日 休みなの？

Naze kare wa kyou yashumi nano

〔E〕Why is he off today?
〔S〕¿Por qué descansa él hoy?
〔P〕Por que ele está de folga hoje?
〔F〕Pourquoi il est en repos?

なぜ A社で 働きたいの？

Naze Ē sha de hatarakitaino

〔E〕Why do you want to work for company A?
〔S〕¿Por qué quieres trabajar en A?
〔P〕Por que você quer trabalhar na empresa A?
〔F〕Pourquoi voulez-vous travailler à la compagnie A?

なぜ 仕事を 辞めたいの？

Naze shigoto wo yametaino

〔E〕Why do you want to quit your job?
〔S〕¿Por qué quieres dejar el trabajo?
〔P〕Por que você quer deixar o seu emprego?
〔F〕Pourquoi voulez-vous arrêter votre travail?

応用（おうよう）

●応用パターン●

〔Advanced Patterns、Patrones aplicados、Padrão de aplicação、Forme neutre〕

どうして	～	しないの（ですか）	？
Doushite		shinaino (desuka)	

なぜ	～	しないの（ですか）	？
Naze		shinaino (desuka)	

どうして 会社（かいしゃ）に 行（い）かないの？

Doushite kaisha ni ikanaino

〔E〕Why aren't you going to work?
〔S〕¿Por qué no vas a la compañía?
〔P〕Por que você não vai trabalhar?
〔F〕Pourquoi tu ne vas pas au bureau?

どうして 彼女（かのじょ）は 来（こ）ないの？

Doushite kanojo wa konaino

〔E〕Why hasn't she come?
〔S〕¿Por qué no viene ella?
〔P〕Por que ela não vem?
〔F〕Pourquoi elle ne vient pas?

どうして 電車（でんしゃ）が まだ 来（こ）ないの？

Doushite densha ga mada konaino

〔E〕Why hasn't the train come yet?
〔S〕¿Por qué no viene aún el tren?
〔P〕Por que o trem ainda não chegou?
〔F〕Pourquoi le train n'est toujours pas là?

なぜ 彼女（かのじょ）に 会（あ）わないの？

Naze kanojo ni awanaino

〔E〕Why aren't you meeting her?
〔S〕¿Por qué no la ves (a ella)?
〔P〕Por que você não vai se encontrar com ela?
〔F〕Pourquoi tu ne vas pas la voir?

なぜ 学校（がっこう）へ 行（い）かないの？

Naze gakkou e ikanaino

〔E〕Why aren't you going to school?
〔S〕¿Por qué no vas a la escuela?
〔P〕Por que você não vai para a escola?
〔F〕Pourquoi tu ne vas pas à l'école ?

●応用パターン●

〔Advanced Patterns、Patrones aplicados、Padrão de aplicação、Forme neutre〕

どうして ～ したの（ですか）？
Doushite shitano (desuka)

なぜ ～ したの（ですか）？
Naze shitano (desuka)

どうして ～ しなかったの（ですか）？
Doushite shinakattano (desuka)

なぜ ～ しなかったの（ですか）？
Naze shinakattano (desuka)

どうして それを 買ったのですか？
Doushite sore wo kattano desuka

〔E〕Why did you buy it?
〔S〕¿Por qué compraste eso?
〔P〕Por que você comprou isso?
〔F〕Pourquoi tu as acheté (e) ça ?

どうして 日本へ 来たのですか？
Doushite nihon e kitano desuka

〔E〕Why did you come to Japan?
〔S〕¿Por qué viniste a Japón?
〔P〕Por que você veio para o Japão?
〔F〕Pourquoi es-tu venu(e) au Japon?

どうして 試験を 受けなかったの？
Doushite shiken wo ukenakattano

〔E〕Why didn't you take the exam?
〔S〕¿Por qué no tomaste el examen?
〔P〕Por que você não fez a prova?
〔F〕Pourquoi tu n'as pas passé(e) l'examen?

なぜ 学校へ 行かなかったの？
Naze gakkou e ikanakattano

〔E〕Why didn't you go to school?
〔S〕¿Por qué no fuiste a la escuela?
〔P〕Por que você não foi para a escola?
〔F〕Pourquoi tu n'es pas allé(e) à l'école?

---

21 ～は どうですか？

Track 31

～ wa dou desuka

〔Basic Phrase、Frase básica、Frase básica、Phrases de base〕

仕事は どうですか？

Shigoto wa dou desuka

〔E〕How is your job?
〔S〕¿Qué tal el trabajo?
〔P〕Como está o seu trabalho?
〔F〕Comment se passe le travail?

「～はどうですか？」「～はいかがですか？」は、様子や具合をたずねたり、相手の意向を聞くときの表現です。

〔English〕	"~ wa doudesuka?" "~ wa ikagadesuka?" are expressions to ask a condition, feelings or preference.
〔Spanish〕	"~ wa doudesuka?" "~ wa ikagadesuka?" son expresiones para preguntar sobre estado, condición o preferencia al interlocutor.
〔Português brasileiro〕	"~ wa doudesuka?" "~ wa ikagadesuka?" são usadas para perguntar sobre situações, sentimentos ou preferências.
〔French〕	"~ wa doudesuka?" "~ wa ikagadesuka?" sont des expressions utilisées pour demander l'avis d'une personne, ou des détails sur sa situation.

〔Basic Pattern、Patrón básico、Padrão básico、Forme affirmative〕

～ は + どう ？
wa dou

～ は + どうですか ？
wa dou desuka

～ は + いかがですか ？
wa ikaga desuka

基本パターンで言ってみよう!

学校は どう？
Gakkou wa dou

〔E〕How is your school life?
〔S〕¿Qué tal la vida de estudiante?
〔P〕Como está a sua vida escolar?
〔F〕Comment se passe l'école?

勉強は どう？
Benkyou wa dou

〔E〕How is your study?
〔S〕¿Qué tal los estudios?
〔P〕Como está o seu estudo?
〔F〕Comment se passent les études?

味は どうですか？
Aji wa dou desuka

〔E〕How does it taste?
〔S〕¿Qué tal sabe?
〔P〕Como está o sabor?
〔F〕Ça a bon goût?

体の 具合は どうですか？
Karada no guai wa dou desuka

〔E〕How are you feeling?
〔S〕¿Qué tal te encuentras?
〔P〕Como está a sua saúde?
〔F〕Comment tu te sens physiquement?

日本の 生活は どうですか？
Nihon no seikatsu wa dou desuka

〔E〕How is your life in Japan?
〔S〕¿Qué tal la vida en Japón?
〔P〕Como está a sua vida no Japão?
〔F〕Comment se passe la vie au Japon?

日本語の 勉強は どう？
Nihongo no benkyou wa dou

〔E〕How is your study of Japanese?
〔S〕¿Qué tal el estudio del japonés?
〔P〕Como está o seu estudo de japonês?
〔F〕Comment se passe l'apprentissage du japonais?

応用（おうよう）

●応用パターン●（おうよう）

〔Advanced Patterns、Patrones aplicados、Padrão de aplicação、Forme neutre〕

<意向を聞く>（いこう　き）

～ **は** + **どうですか** ？
wa　dou desuka

～ **は** + **いかがですか** ？
wa　ikaga desuka

来週（らいしゅう）は どうですか？
Raishu wa　dou desuka

[E] How about next week?
[S] ¿Qué tal la semana que viene?
[P] Que tal na próxima semana?
[F] Et la semaine prochaine alors?

あなたは どうですか？
Anata wa　dou desuka

[E] How do you think about it?
[S] ¿Qué te parece?
[P] O que você acha?
[F] Qu'est-ce que tu en penses?

日本料理（にほんりょうり）は どうですか？
Nihon ryouri wa　dou desuka

[E] How about Japanese cuisine?
[S] ¿Qué tal la comida japonesa?
[P] Que tal uma comida japonesa?
[F] Qu'est-ce que tu penses de la cuisine japonaise?

今夜（こんや） お寿司（すし）は どうですか？
Konya　osushi wa　dou desuka

[E] How about *sushi* tonight?
[S] ¿Qué tal *sushi* esta noche?
[P] Que tal um *sushi* hoje à noite?
[F] Et si on prenait des *sushis* pour ce soir?

湯（ゆ）かげんは いかがですか？
Yukagen wa　ikaga desuka

[E] How do you feel about hot water?
[S] ¿Qué tal está el agua de los baños?
[P] Como está a temperatura do banho?
[F] Est-ce que la température est bonne pour vous?

•応用パターン•

〔Advanced Patterns、Patrones aplicados、Padrão de aplicação、Forme neutre〕

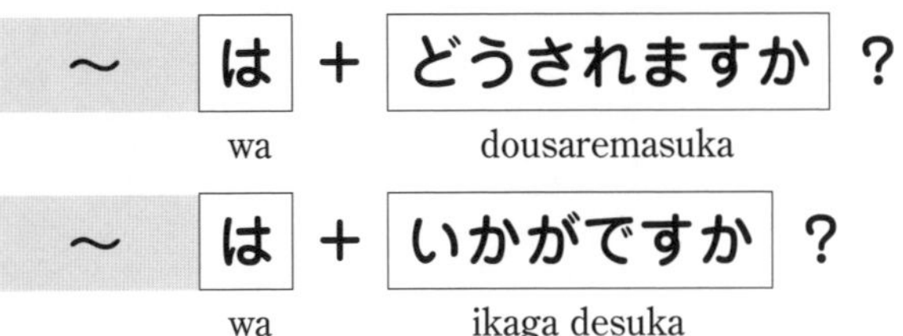

お食事は どうされますか？

Oshokuji wa dousaremasuka

〔E〕Would you like to have a meal?
〔S〕¿Qué desea para comer?
〔P〕O que você gostaria de comer?
〔F〕Que désirez-vous manger?

お飲み物は どうされますか？

Onomimono wa dousaremasuka

〔E〕Would you like to have drinks?
〔S〕¿Qué desea para beber?
〔P〕O que você gostaria de beber?
〔F〕Qu'est-ce que vous voulez boire?

お酒は いかがですか？

Osake wa ikaga desuka

〔E〕How about alcohol?
〔S〕¿Qué tal algo de sake?
〔P〕Você gostaria de tomar um drinque?
〔F〕Est-ce que vous souhaitez boire de l'alcool?

お味は いかがですか？

Oaji wa ikaga desuka

〔E〕How does it taste?
〔S〕¿Qué tal le sabe?
〔P〕O sabor está agradável?
〔F〕Est-ce que c'est à votre goût?

おつまみは いかがですか？

Otsumami wa ikaga desuka

〔E〕How about a snack?
〔S〕¿Qué tal un snack?
〔P〕Você gostaria de comer um petisco?
〔F〕Est-ce que vous désirez un accompagnement?

使(つか)える! 頻出(ひんしゅつ)パターン 51

Part Ⅱ

～おめでとう

Track 32

～ omedetou

〔Basic Phrase、Frase básica、Frase básica、Phrases de base〕

ご結婚(けっこん) おめでとう。

Gokekkon omedetou

〔E〕Congratulations on your wedding.
〔S〕Felicidades por la boda.
〔P〕Parabéns pelo casamento.
〔F〕Félicitations pour le mariage.

「～おめでとう（ございます）」は、誕生日(たんじょうび)や結婚(けっこん)などをお祝(いわ)いするときの表現(ひょうげん)です。

〔English〕 "~ omedetou (gozaimasu)" is an expression that celebrates a birthday or wedding, etc.

〔Spanish〕 "~ omedetou (gozaimasu)" expresión para celebrar un cumpleaños, boda, etc.

〔Português brasileiro〕 "~ omedetou (gozaimasu) " é usada para comemorar aniversários, casamentos etc.

〔French〕 "~ omedetou (gozaimasu)" est une expression utilisée pour féliciter un anniversaire, mariage ou autre.

●基本(きほん)パターン● 〔Basic Pattern、Patrón básico、Padrão básico、Forme affirmative〕

＋ おめでとう
omedetou

＋ おめでとうございます
omedetou gozaimasu

基本パターンで言ってみよう!

お誕生日 おめでとう。
Otanjoubi omedetou

〔E〕Happy birthday.
〔S〕Feliz cumpleaños.
〔P〕Feliz aniversário.
〔F〕Joyeux anniversaire.

ご出産 おめでとう。
Goshussan omedetou

〔E〕Congratulations on your new baby.
〔S〕Felicidades por el bebé.
〔P〕Parabéns pelo nascimento do seu bebê.
〔F〕Félicitations pour le bébé.

合格 おめでとう。
Goukaku omedetou

〔E〕Congratulations on passing the exam.
〔S〕Felicidades por aprobar.
〔P〕Parabéns por ter passado na prova.
〔F〕Bravo pour avoir été pris(e).

ご入学 おめでとう。
Gonyugaku omedetou

〔E〕Congratulations on entering school.
〔S〕Felicidades por entrar en la escuela.
〔P〕Parabéns pela admissão.
〔F〕Félicitations pour l'entrée scolaire.

ご卒業 おめでとう。
Gosotsugyou omedetou

〔E〕Congratulations on graduation.
〔S〕Felicidades por graduarte.
〔P〕Parabéns pela formatura.
〔F〕Félicitations pour avoir fini l'école.

新年 おめでとうございます。
Shinnen omedetou gozaimasu

〔E〕Happy New Year.
〔S〕Feliz año nuevo.
〔P〕Feliz Ano Novo.
〔F〕Bonne année.

23 ～ありがとう

Track 33

～ arigatou

〔Basic Phrase、Frase básica、Frase básica、Phrases de base〕

プレゼントを ありがとう。

Purezento wo arigatou

〔E〕Thank you for your present.

〔S〕Gracias por el obsequio.

〔P〕Obrigado/a pelo presente.

〔F〕Merci pour le cadeau.

「～ありがとう（ございます）」は、お礼や感謝の気持ちを伝えるときの表現です。

〔English〕 "～ arigatou (gozaimasu)" is an expression that tells thanks or appreciation.

〔Spanish〕 "～ arigatou (gozaimasu)" expresión para mostrar gratitud o aprecio.

〔Português brasileiro〕 "～ arigatou (gozaimasu) " é usada como sinal de gratidão ou apreço.

〔French〕 "～ arigatou (gozaimasu)" est une expression utilisée pour remercier quelqu'un.

●基本パターン●

〔Basic Pattern、Patrón básico、Padrão básico、Forme affirmative〕

［　　］ を ＋ ありがとう

wo　arigatou

［　　］ を ＋ ありがとうございます

wo　arigatou gozaimasu

基本(きほん)パターンで言(い)ってみよう!

メールを ありがとう。

Meru wo arigatou

[E] Thank you for your email.
[S] Gracias por el correo.
[P] Obrigado/a pelo e-mail.
[F] Merci pour le mail.

写真(しゃしん)を ありがとう。

Shashin wo arigatou

[E] Thank you for the photograph.
[S] Gracias por la foto.
[P] Obrigado/a pela foto.
[F] Merci pour la photo.

連絡(れんらく)を ありがとう。

Renraku wo arigatou

[E] Thank you for contacting me.
[S] Gracias por contactarme /-nos.
[P] Obrigado/a pelo contato.
[F] Merci de m'avoir contacté(e) .

ご協力(きょうりょく) ありがとうございます。

Gokyouryoku arigatou gozaimasu

[E] Thank you very much for your cooperation.
[S] Gracias por su cooperación.
[P] Obrigado/a pela cooperação.
[F] Merci pour votre coopération.

ご意見(いけん) ありがとうございます。

Goiken arigatou gozaimasu

[E] Thank you very much for your comments.
[S] Gracias por su idea.
[P] Obrigado/a pela opinião.
[F] Je vous remercie pour votre opinion.

先日(せんじつ)は ありがとうございました。

Senjitsu wa arigatou gozaimashita

[E] I thank you for your kindness the other day.
[S] Gracias por lo del otro día.
[P] Obrigado/a pelo outro dia.
[F] Merci pour l'autre jour.

～してくれて ありがとう

Track 34

～ shitekurete arigatou

〔Basic Phrase、Frase básica、Frase básica、Phrases de base〕

電話（でんわ）してくれて ありがとう。

Denwa shitekurete arigatou

〔E〕Thank you for calling.
〔S〕Gracias por llamarme.
〔P〕Obrigado/a por me ligar.
〔F〕Merci d'avoir téléphoné(e).

「～してくれてありがとう（ございます）」は、相手（あいて）が何（なに）かをしてくれたことに感謝（かんしゃ）する表現（ひょうげん）です。

〔English〕 "~ shitekurete arigatou (gozaimasu)" is an expression that appreciates something.

〔Spanish〕 "~ shitekurete arigatou (gozaimasu)" expresión para mostrar gratitud por algo.

〔Português brasileiro〕 "~ shitekurete arigatou (gozaimasu) " expressa gratidão por algum favor que lhe tenha sido feito.

〔French〕 "~ shitekurete arigatou (gozaimasu)" est utilisé pour montrer sa reconnaissance envers un service ou une action faite pour le sujet.

〔Basic Pattern、Patrón básico、Padrão básico、Forme affirmative〕

～ | してくれて | + | ありがとう
shitekurete arigatou

～ | してくれて | + | ありがとうございます
shitekurete arigatou gozaimasu

基本(きほん)パターンで言(い)ってみよう!

来(き)てくれて ありがとう。

Kitekurete arigatou

〔E〕Thank you for coming.
〔S〕Gracias por venir.
〔P〕Obrigado/a por ter vindo.
〔F〕Merci d'être venu(e).

教(おし)えてくれて ありがとう。

Oshietekurete arigatou

〔E〕Thank you for letting me know.
〔S〕Gracias por enseñarme.
〔P〕Obrigado/a por me avisar.
〔F〕Merci de me l'avoir dit.

助(たす)けてくれて ありがとう。

Tasuketekurete arigatou

〔E〕Thank you for helping me.
〔S〕Gracias por salvarme.
〔P〕Obrigado/a por me auxiliar.
〔F〕Merci de m'avoir sauvé(e).

手伝(てつだ)ってくれて ありがとう。

Tetsudattekurete arigatou

〔E〕Thank you for your help.
〔S〕Gracias por ayudarme.
〔P〕Obrigado/a por me ajudar.
〔F〕Merci de m'avoir aidé(e)

荷物(にもつ)を 持(も)ってくれて ありがとう。

Nimotsu wo mottekurete arigatou

〔E〕Thank you for carrying my baggage.
〔S〕Gracias por traerme el equipaje.
〔P〕Obrigado/a por carregar a minha bagagem.
〔F〕Merci d'avoir porté(e) mes valises.

家(いえ)まで 送(おく)ってくれて ありがとうございます。

Ie made okuttekurete arigatou gozaimasu

〔E〕Thank you for driving me home.
〔S〕Gracias por traerme a casa.
〔P〕Obrigado/a por me levar para casa.
〔F〕Merci de m'avoir raccompagné(e) jusqu'à chez moi.

～（して）ごめんなさい

Track 35

~ (shite) gomennasai

〔Basic Phrase、Frase básica、Frase básica、Phrases de base〕

遅れて ごめんなさい。

Okurete gomennasai

〔E〕Sorry for being late.
〔S〕Siento demorarme.
〔P〕Desculpe-me pelo atraso.
〔F〕Désolé du retard.

「～（して）ごめんなさい」は、自分がしたことについて、相手に謝るときの表現です。

〔English〕	"~ (shite) gomennasai" is an expression that apologizes for something.
〔Spanish〕	"~ (shite) gomennasai" expresión para disculparse con alguien por algo que se ha hecho.
〔Português brasileiro〕	"~ (shite) gomennasai" é usada para pedir desculpas a alguém por algo.
〔French〕	"~ (shite) gomennasai" est une expression utile pour s'excuser de quelque chose.

〔Basic Pattern、Patrón básico、Padrão básico、Forme affirmative〕

～ して + ごめんなさい
shite gomennasai

～ しなくて + ごめんなさい
shinakute gomennasai

～ できなくて + ごめんなさい
dekinakute gomennasai

基本(きほん)パターンで言(い)ってみよう!

お待(ま)たせして ごめんなさい。

Omataseshite gomennasai

〔E〕I'm sorry to have kept you waiting.
〔S〕Siento hacerle/-les esperar.
〔P〕Desculpe-me por tê-lo/a feito esperar.
〔F〕Désolé de t'avoir fait attendre.

心配(しんぱい)させて ごめんなさい。

Shinpaisasete gomennasai

〔E〕I'm sorry to have troubled you.
〔S〕Siento haberle/-les preocupado.
〔P〕Desculpe-me por deixá-lo/a preocupado/a.
〔F〕Désolé de t'avoir causé(e) du soucis.

迷惑(めいわく)を かけて ごめんなさい。

Meiwaku wo kakete gomennasai

〔E〕I'm sorry for causing you trouble.
〔S〕Siento haberte molestado.
〔P〕Desculpe-me por incomodá-lo/a.
〔F〕Désolé de t'avoir causé(e) des ennuis.

<否定(ひてい)>

行(い)けなくて ごめんなさい。

Ikenakute gomennasai

〔E〕I'm sorry I cannot go.
〔S〕Siento no poder ir.
〔P〕Desculpe-me por não poder ir.
〔F〕Désolé de ne pas y être allé(e).

昨日(きのう)、電話(でんわ)しなくて ごめんなさい。

Kinou denwashinakute gomennasai

〔E〕I'm sorry I didn't call you yesterday.
〔S〕Siento no haberte llamado ayer.
〔P〕Desculpe-me por não ter ligado para você ontem.
〔F〕Désolé de ne pas t'avoir téléphoné(e) hier.

お手伝(てつだ)いできなくて ごめんなさい。

Otetsudai dekinakute gomennasai

〔E〕I'm sorry I cannot help you.
〔S〕Siento no poder ayudarte.
〔P〕Desculpe-me por não poder ajudá-lo/a.
〔F〕Désolé de ne pas t'avoir aidé(e).

～しませんか？

Track 36

～ shimasenka

〔Basic Phrase、Frase básica、Frase básica、Phrases de base〕

一緒(いっしょ)に 旅行(りょこう)しませんか？

Isshoni ryokoushimasenka

〔E〕Would you like to travel with us?
〔S〕¿Por qué no viajamos juntos?
〔P〕Você gostaria de viajar conosco?
〔F〕Et si on voyageait ensemble?

「～しませんか？」は、相手(あいて)にある行動(こうどう)を提示(ていじ)して、一緒(いっしょ)にそれをするように誘(さそ)う表現(ひょうげん)です。

〔English〕 "~ shimasenka?" is an expression that suggests doing something together.

〔Spanish〕 "~ shimasenka?" expresión para sugerir una actividad o invitar a hacer algo juntos.

〔Português brasileiro〕 "~ shimasenka?" é uma expressão que sugere a outra pessoa fazer algo junto.

〔French〕 "~ shimasenka?" est une expression qui sert à faire une proposition, ou inviter quelqu'un à faire quelque chose.

〔Basic Pattern、Patrón básico、Padrão básico、Forme affirmative〕

～ しませんか ？

shimasenka

基本(きほん)パターンで言(い)ってみよう!

一緒(いっしょ)に 行(い)きませんか？
Isshoni ikimasenka

〔E〕Would you like to come with us?
〔S〕¿Por qué no vamos juntos?
〔P〕Você gostaria de ir conosco?
〔F〕Tu ne veux pas y aller avec moi?

一緒(いっしょ)に 食べませんか？
Isshoni tabemasenka

〔E〕Would you like to eat together?
〔S〕¿Por qué no comemos juntos?
〔P〕Você gostaria de comer conosco?
〔F〕Et si on mangeait ensemble?

明日(あした) 遊(あそ)びに 行(い)きませんか？
Ashita asobini ikimasenka

〔E〕Why don't we go out tomorrow?
〔S〕¿Por qué no vamos a divertirnos mañana?
〔P〕Que tal sairmos amanhã?
〔F〕Ça te dit de faire une sortie demain?

駅(えき)で 待(ま)ち合(あ)わせしませんか？
Eki de machiawaseshimasenka

〔E〕Why don't we meet at the station?
〔S〕¿Por qué no nos vemos en la estación?
〔P〕Que tal nos encontrarmos na estação?
〔F〕Et si on se retrouvait à la gare?

みんなで 集(あつ)まりませんか？
Minna de atsumarimasenka

〔E〕Why don't we get together?
〔S〕¿Por qué no nos reunimos todos?
〔P〕Que tal nos reunirmos?
〔F〕Pourquoi ne pas tous se réunir?

みんなで 旅行(りょこう)に 行(い)きませんか？
Minna de ryokou ni ikimasenka

〔E〕Why don't we go on a trip together?
〔S〕¿Por qué no vamos todos de viaje?
〔P〕Que tal viajarmos juntos?
〔F〕Et si on partait en voyage tous ensemble?

27 〜しましょうか？

Track 37

~ shimashouka

基本フレーズ〔Basic Phrase、Frase básica、Frase básica、Phrases de base〕

お手伝いしましょうか？

Otetsudai shimashouka

〔E〕May I help you?
〔S〕¿Le ayudo?
〔P〕Eu posso ajudá-lo/a?
〔F〕Je peux vous aider?

「〜しましょうか？」は、相手と一緒に、あるいは、相手のために何かをしてあげるときの表現です。

〔English〕	"~ shimashouka?" is an expression that suggests doing something for a person or together.
〔Spanish〕	"~ shimashouka?" expresión para sugerir hacer algo juntos o hacer algo por alguien.
〔Português brasileiro〕	"~ shimashouka?" é uma expressão que sugere fazer algo com/para outra pessoa.
〔French〕	"~ shimashouka?" est une expression qui propose de faire quelque chose pour quelqu'un, ou avec cette personne.

〔Basic Pattern、Patrón básico、Padrão básico、Forme affirmative〕

〜 しましょうか ？

shimashouka

基本パターンで言ってみよう!

一緒に 行きましょうか？
Isshoni ikimashouka

〔E〕Shall we go together?
〔S〕¿Vamos juntos?
〔P〕Vamos juntos?
〔F〕Et si on allait ensemble?

一緒に 食べましょうか？
Isshoni tabemashouka

〔E〕Shall we eat together?
〔S〕¿Comemos juntos?
〔P〕Vamos comer juntos?
〔F〕Et si on mangeait ensemble?

お取りしましょうか？
Otori shimashouka

〔E〕Shall I serve that it?
〔S〕¿Lo cojo?
〔P〕Eu posso pegar para você?
〔F〕Vous voulez que je vous le prenne?

休憩しましょうか？
Kyukei shimashouka

〔E〕Shall we take a break?
〔S〕¿Descansamos?
〔P〕Vamos fazer uma pausa?
〔F〕Et si on faisait une pause?

映画を 観に 行きましょうか？
Eiga wo mini ikimashouka

〔E〕Shall we go see a movie?
〔S〕¿Vamos a ver una película?
〔P〕Vamos assistir a um filme?
〔F〕Et si on allait voir un film?

駅で 待ち合わせしましょうか？
Eki de machiawase shimashouka

〔E〕Shall we meet at the station?
〔S〕¿Nos vemos en la estación?
〔P〕Vamos nos encontrar na estação?
〔F〕Et si on se retrouvait à la gare?

28 ～と思いますおも

Track 38

～ to omoimasu

基本フレーズ（Basic Phrase、Frase básica、Frase básica、Phrases de base）

それは安いと思います。

Sore wa yasui to omoimasu

〔E〕I think it's cheap. 〔S〕Creo que eso es barato.

〔P〕Eu acho que isso é barato. 〔F〕Je trouve ça pas cher.

「～と思います」は、自分の予想、感想などを言うときの表現です。

〔English〕 "～ to omoimasu" is an expression that shows your expectation or thoughts.

〔Spanish〕 "～ to omoimasu" expresión que muestra pensamientos o previsiones.

〔Português brasileiro〕 "～ to omoimasu" é uma expressão que demonstra suas expectativas ou opiniões.

〔French〕 "～ to omoimasu" est une expression qui sert à donner son propre avis ou dire ses espérances.

●基本パターン●（Basic Pattern、Patrón básico、Padrão básico、Forme affirmative）

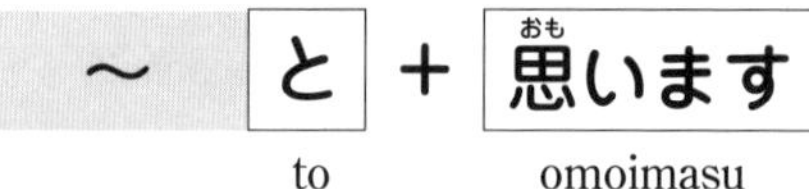

to omoimasu

基本(きほん)パターンで言(い)ってみよう!

それは 高(たか)い と思(おも)います。
Sore wa takai to omoimasu

[E] I think it's expensive.
[S] Creo que eso es caro.
[P] Eu acho que isso é caro.
[F] Je trouve ça cher.

それは いい考(かんが)えだ と思(おも)います。
Sore wa ii kangae da to omoimasu

[E] I think that's a good idea.
[S] Creo que eso es buena idea.
[P] Eu acho que isso é uma boa ideia.
[F] Je trouve que c'est une bonne idée.

彼女(かのじょ)は 来(く)る と思(おも)います。
Kanojo wa kuru to omoimasu

[E] I think she'll come.
[S] Creo que ella viene.
[P] Eu acho que ela virá.
[F] Je crois qu'elle va venir.

彼(かれ)は 来(こ)ない と思(おも)います。
Kare wa konai to omoimasu

[E] I don't think he'll come.
[S] Creo que él no viene.
[P] Eu acho que ele não virá.
[F] Je ne crois pas qu'elle vienne.

今日(きょう)は 晴(は)れる と思(おも)います。
Kyou wa hareru to omoimasu

[E] I think it'll be sunny today.
[S] Creo que hoy estará despejado.
[P] Eu acho que vai fazer sol hoje.
[F] Je crois qu'il va faire beau aujourd'hui.

明日(あした)、雨(あめ)が 降(ふ)る と思(おも)います。
Ashita ame ga huru to omoimasu

[E] I think it'll rain tomorrow.
[S] Creo que mañana va a llover.
[P] Eu acho que vai chover amanhã.
[F] Je crois qu'il va pleuvoir demain.

～といいですね

Track 39

to iidesune

〔Basic Phrase、Frase básica、Frase básica、Phrases de base〕

旅行(りょこう)に 行(い)けると いいですね。

Ryokou ni ikeru to iidesune

〔E〕I hope you can go on a trip.
〔S〕Ojalá pueda/-s/-amos/-an ir de viaje.
〔P〕Espero que você possa viajar.
〔F〕J'espère pouvoir aller en voyage.

「～といいですね」は、自分(じぶん)が望(のぞ)むこと、期待(きたい)することなどを言(い)うときの表現(ひょうげん)です。

〔English〕 "～ to iidesune" is an expression that tells your hopes or expectations.

〔Spanish〕 "～ to iidesune" expresión que muestra los propios deseos o esperanzas.

〔Português brasileiro〕 "～ to iidesune" é uma expressão que demonstra seus desejos ou expectativas.

〔French〕 "～ to iidesune" est une expression utilisée pour parler de ses espoirs, et ce que l'on souhaite.

〔Basic Pattern、Patrón básico、Padrão básico、Forme affirmative〕

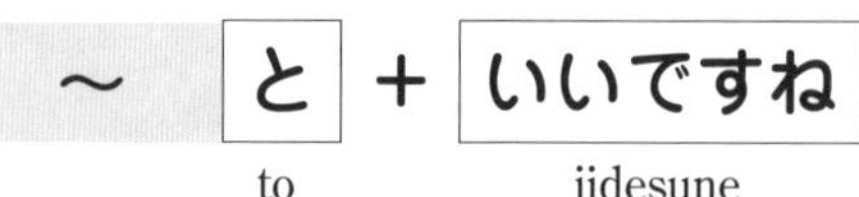

～ と + いいですね

to iidesune

基本(きほん)パターンで言(い)ってみよう!

成功(せいこう)すると いいですね。

Seikousuru to iidesune

〔E〕I hope you succeed.
〔S〕Ojalá tengas éxito.
〔P〕Espero que você tenha sucesso.
〔F〕J'espère que tu vas réussir.

また 会(あ)えると いいですね。

Mata aeru to iidesune

〔E〕I hope we can meet again.
〔S〕Ojalá nos podamos ver de nuevo.
〔P〕Espero que possamos nos encontrar novamente.
〔F〕J'espère que l'on va se revoir.

また 集(あつ)まれると いいですね。

Mata atsumareru to iidesune

〔E〕I hope we can get together again.
〔S〕Ojalá nos reunamos otra vez.
〔P〕Espero que possamos nos reunir novamente.
〔F〕Ça serait bien que l'on se réunisse de nouveau.

早(はや)く 良(よ)くなると いいですね。

Hayaku yokunaru to iidesune

〔E〕I hope you'll get better soon.
〔S〕Ojalá te pongas bien pronto.
〔P〕Espero que você melhore logo.
〔F〕J'espère que tu iras mieux au plus vite.

明日(あした)、晴(は)れると いいですね。

Ashita hareru to iidesune

〔E〕I hope it'll be sunny tomorrow.
〔S〕Ojalá esté despejado mañana.
〔P〕Espero que amanhã faça sol.
〔F〕J'espère qu'il fera beau demain.

試験(しけん)に 合格(ごうかく)すると いいですね。

Shiken ni goukakusuru to iidesune

〔E〕I hope you'll pass the exam.
〔S〕Ojalá apruebes el examen.
〔P〕Espero que você passe na prova.
〔F〕J'espère que tu vas réussir tes examens.

30 前(まえ)は ～しました〔していました〕

Track 40

Maewa ～ shimashita〔shiteimashita〕

基本(きほん)フレーズ〔Basic Phrase、Frase básica、Frase básica、Phrases de base〕

前(まえ)は テニスを していました。

Maewa tenisu wo shiteimashita

〔E〕I used to play tennis.
〔S〕Antes jugaba al tenis.
〔P〕Antes eu praticava tênis.
〔F〕Je faisais du tennis avant.

「前(まえ)は～しました〔していました〕」は、過去(かこ)にしていたことなどについての表現(ひょうげん)です。

〔English〕"Maewa ~ shimashita〔shiteimashita〕" is an expression that you used to do something in the past.

〔Spanish〕"Maewa ~ shimashita〔shiteimashita〕" expresión para algo que se hacía en el pasado.

〔Português brasileiro〕"Maewa ~ shimashita〔shiteimashita〕" é uma expressão sobre algo que fez ou fazia no passado.

〔French〕"Maewa ~ shimashita〔shiteimashita〕" est utilisée pour exprimer quelque chose ou une action, faite par le passé.

●基本(きほん)パターン●〔Basic Pattern、Patrón básico、Padrão básico、Forme affirmative〕

前(まえ)は ～ しました
Maewa shimashita

前(まえ)は ～ していました
Maewa shiteimashita

基本パターンで言ってみよう!

前は あの店に よく 行きました。
Maewa ano mise ni yoku ikimashita

〔E〕I used to go to that store.
〔S〕Antes iba mucho a aquella tienda.
〔P〕Antes eu ia muito a essa loja.
〔F〕Je venais souvent à ce restaurant avant.

前は 横浜に 住んでいました。
Maewa yokohama ni sundeimashita

〔E〕I used to live in Yokohama.
〔S〕Antes vivía en Yokohama.
〔P〕Antes eu morava em Yokohama.
〔F〕J'habitais à Yokohama avant.

前は タバコを 吸っていました。
Maewa tabako wo sutteimashita

〔E〕I used to smoke.
〔S〕Antes fumaba.
〔P〕Antes eu fumava cigarros.
〔F〕Je fumais avant.

前は ネコを 飼っていました。
Maewa neko wo katteimashita

〔E〕I used to have a cat.
〔S〕Antes tenía un gato.
〔P〕Antes eu tinha um gato.
〔F〕J'avais un chat avant.

前は 学校に 行っていました。
Maewa gakkou ni itteimashita

〔E〕I used to go to school.
〔S〕Antes iba a la escuela.
〔P〕Antes eu frequentava a escola.
〔F〕J'allais à l'école avant.

前は 工場で 働いていました。
Maewa koujou de hataraiteimashita

〔E〕I used to work in a factory.
〔S〕Antes trabajaba en una factoría.
〔P〕Antes eu trabalhava em uma fábrica.
〔F〕Je travaillais dans une usine, avant.

よく～します

Track 41

yoku ～ shimasu

〔Basic Phrase、Frase básica、Frase básica、Phrases de base〕

私は 映画を よく 見ます。

Watashi wa eiga wo yoku mimasu

〔E〕I often watch movies.

〔S〕Veo películas a menudo.

〔P〕Eu assisto a filmes com frequência.

〔F〕Je vais souvent au cinéma.

「よく～します」は、頻度の高い行動や習慣などについての表現です。

〔English〕 "yoku ~ shimasu" is an expression that you do something regularly.

〔Spanish〕 "yoku ~ shimasu" expresión para algo que se hace con regularidad.

〔Português brasileiro〕 "yoku ~ shimasu" é uma expressão sobre um comportamento ou hábito frequente.

〔French〕 "yoku ~ shimasu" est une expression utilisée pour parler d'habitudes, d'une routine, ou d'actions répétitives.

〔Basic Pattern、Patrón básico、Padrão básico、Forme affirmative〕

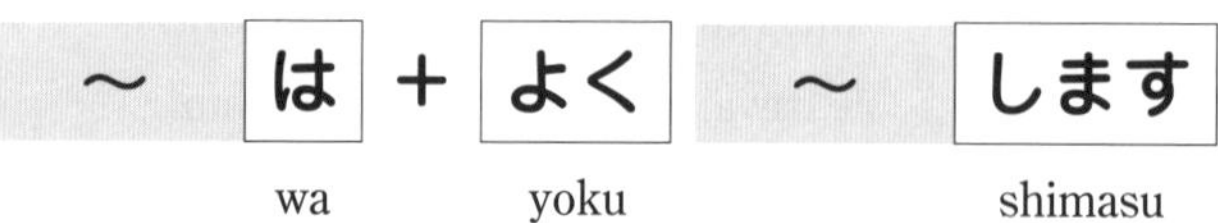

wa　yoku　shimasu

基本パターンで言ってみよう!

私は よく 外食します。

Watashi wa yoku gaishokushimasu

〔E〕I often eat out.
〔S〕Como fuera a menudo.
〔P〕Eu como fora com frequência.
〔F〕Je mange souvent dehors.

彼は よく 出張します。

Kare wa yoku shucchoushimasu

〔E〕He often goes on business trips.
〔S〕Él sale por trabajo a menudo.
〔P〕Ele costuma fazer viagens de negócios.
〔F〕Je fais souvent des voyages d'affaires.

彼女は よく 遅刻します。

Kanojo wa yoku chikokushimasu

〔E〕She is often late.
〔S〕Ella se demora a menudo.
〔P〕Ela costuma se atrasar.
〔F〕Elle est souvent en retard.

私たちは よく 会います。

Watashitachi wa yoku aimasu

〔E〕We often meet.
〔S〕Nosotros nos vemos a menudo.
〔P〕Nós nos encontramos com frequência.
〔F〕On se voit souvent.

私は あの店に よく 行きます。

Watashi wa ano mise ni yoku ikimasu

〔E〕I often go to that shop.
〔S〕Voy a aquella tienda a menudo.
〔P〕Eu vou com frequência a essa loja.
〔F〕Je vais souvent dans ce restaurant.

私は 家族に よく 電話します。

Watashi wa kazoku ni yoku denwashimasu

〔E〕I often call my family.
〔S〕Llamo a mi familia a menudo.
〔P〕Eu ligo para minha família com frequência.
〔F〕Je téléphone souvent à ma famille.

〜しやすいです

Track 42

〜 shiyasui desu

〔Basic Phrase、Frase básica、Frase básica、Phrases de base〕

これは 使いやすい です。

Kore wa tsukaiyasui desu

〔E〕This is easy to use.　〔S〕Esto es fácil de usar.

〔P〕Isto é fácil de usar.　〔F〕C'est facile à utiliser.

「〜しやすいです」は、自分にとって便利な物・道具などについての表現です。

〔English〕 "~ shiyasuidesu" is an expression that explains how easy it is to use or do something.

〔Spanish〕 "~ shiyasuidesu" expresión para objetos, útiles, etc. que son convenientes para uno.

〔Português brasileiro〕 "~ shiyasuidesu" é uma expressão que descreve a facilidade de usar ou fazer algo.

〔French〕 "~ shiyasuidesu" est une expression utilisée pour décrire quelque chose (action, objet, etc.) de facile, ou pratique.

〔Basic Pattern、Patrón básico、Padrão básico、Forme affirmative〕

〜 は + 〜 しやすいです

wa　shiyasui desu

基本パターンで言ってみよう！

このペンは 書きやすい です。
Kono pen wa kakiyasui desu

〔E〕This pen is easy to write with.
〔S〕Es fácil escribir con este bolígrafo.
〔P〕Esta caneta é fácil de escrever.
〔F〕Ce stylo écrit bien.

この本は 読みやすい です。
Kono hon wa yomiyasui desu

〔E〕This book is easy to read.
〔S〕Este libro es fácil de leer.
〔P〕Este livro é fácil de ler.
〔F〕Ce livre est facile à lire.

この地図は わかりやすい です。
Kono chizu wa wakariyasui desu

〔E〕This map is easy to understand.
〔S〕Este mapa es fácil de entender.
〔P〕Este mapa é fácil de entender.
〔F〕Cette carte est facile à comprendre.

この靴は 歩きやすい です。
Kono kutsu wa arukiyasui desu

〔E〕These shoes are comfortable to walk in.
〔S〕Es fácil caminar con estos zapatos.
〔P〕Estes sapatos são confortáveis para andar.
〔F〕Ces chaussures sont confortables.

その階段は 滑りやすい です。
Sono kaidan wa suberiyasui desu

〔E〕The stairs are slippery.
〔S〕Es fácil resbalar por esta escalera.
〔P〕Essa escada é escorregadia.
〔F〕C'est facile de glisser dans ces escaliers.

この問題は 間違えやすい です。
Kono mondai wa machigaeyasui desu

〔E〕We often make mistakes with this problem.
〔S〕Es fácil equivocarse en este problema.
〔P〕Esta pergunta é fácil de errar.
〔F〕Il arrive souvent de se tromper à ce problème.

～しづらいです

Track 43

～ shizurai desu

〔Basic Phrase、Frase básica、Frase básica、Phrases de base〕

これは 使いづらい です。

Kore wa tsukaizurai desu

〔E〕This is hard to use.
〔S〕Esto es difícil de usar.
〔P〕Isto é difícil de usar.
〔F〕C'est dur de s'en servir.

「～しづらいです」「～しにくいです」は、自分にとって不便な物・道具などについての表現です。

〔English〕 "~ shizuraidesu" "~ shinikuidesu" is an expression that explains how difficult it is to use or do something.

〔Spanish〕 "~ shizuraidesu" "~ shinikuidesu" expresión para objetos, útiles, etc. que son inconvenientes para uno.

〔Português brasileiro〕 "~ shizuraidesu" "~ shinikuidesu" são expressões que descrevem a dificuldade de usar ou fazer algo.

〔French〕 "~ shizuraidesu" "~ shinikuidesu" est une expression utilisée pour décrire quelque chose (action, objet, etc.) de difficile ou contraignant.

〔Basic Pattern、Patrón básico、Padrão básico、Forme affirmative〕

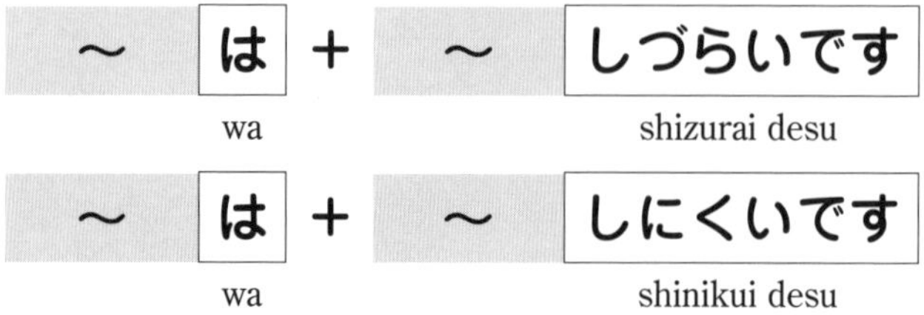

基本(きほん)パターンで言(い)ってみよう!

このペンは 書(か)きづらい です。
Kono pen wa kakizurai desu

〔E〕This pen is hard to write with.
〔S〕Es difícil escribir con este bolígrafo.
〔P〕Esta caneta é difícil de escrever.
〔F〕C'est dur d'écrire avec ce stylo.

この本(ほん)は 読(よ)みづらい です。
Kono hon wa yomizurai desu

〔E〕This book is hard to read.
〔S〕Este libro es difícil de leer.
〔P〕Este livro é difícil de ler.
〔F〕Ce livre est difficile à lire.

この地図(ちず)は わかりづらい です。
Kono chizu wa wakarizurai desu

〔E〕This map is hard to understand.
〔S〕Este mapa es difícil de entender.
〔P〕Este mapa é difícil de entender.
〔F〕Cette carte n'est pas facile à comprendre.

この靴(くつ)は 歩(ある)きづらい です。
Kono kutsu wa arukizurai desu

〔E〕These shoes are hard to walk in.
〔S〕Es difícil caminar con estos zapatos.
〔P〕Estes sapatos são desconfortáveis para andar.
〔F〕Ces chaussures sont contraignantes.

この道(みち)は 通(とお)りづらい です。
Kono michi wa torizurai desu

〔E〕This road is hard to pass through.
〔S〕Este camino es difícil de cruzar.
〔P〕Esta estrada é de difícil acesso.
〔F〕C'est difficile de passer dans cette rue.

このドアは 開(あ)けにくい です。
Kono doa wa akenikui desu

〔E〕This door is hard to open.
〔S〕Esta puerta es difícil de abrir.
〔P〕Esta porta é difícil de abrir.
〔F〕Cette porte est difficile à ouvrir.

～が好きです

Track 44

～ ga sukidesu

〔Basic Phrase、Frase básica、Frase básica、Phrases de base〕

私は 音楽が 好きです。

Watashi wa ongaku ga sukidesu

〔E〕I like music. 〔S〕Me gusta la música.
〔P〕Eu gosto de música. 〔F〕J'aime la musique.

「～が好きです」は、自分が好きな物・趣味などについて話すときの表現です。

〔English〕 "~ ga sukidesu" is an expression that you or someone talks about something you like (hobby, etc.).

〔Spanish〕 "~ ga sukidesu" expresión para hablar sobre gustos o aficiones.

〔Português brasileiro〕 "~ ga sukidesu" é usada para descrever algo que gosta (como hobbies, etc.).

〔French〕 "~ ga sukidesu" est une expression utilisée pour parler de ce que l'on aime en général (loisirs, choses, goût etc.).

〔Basic Pattern、Patrón básico、Padrão básico、Forme affirmative〕

～ **は** ＋ ～ **が好きです**

wa ga sukidesu

基本パターンで言ってみよう!

私は 映画が 好きです。
Watashi wa eiga ga sukidesu

〔E〕I like movies.
〔S〕Me gustan las películas.
〔P〕Eu gosto de filmes.
〔F〕J'aime les films.

彼は スポーツが 好きです。
Kare wa supotsu ga sukidesu

〔E〕He likes sports.
〔S〕A él le gustan los deportes.
〔P〕Ele gosta de esportes.
〔F〕Il aime le sport.

彼は ロックが 好きです。
Kare wa rokku ga sukidesu

〔E〕He likes rock.
〔S〕A él le gusta el rock.
〔P〕Ele gosta de rock.
〔F〕Il aime le rock.

彼女は 絵が 好きです。
Kanojo wa e ga sukidesu

〔E〕She likes painting.
〔S〕A ella le gusta la pintura.
〔P〕Ela gosta de pintura.
〔F〕Elle aime la peinture.

母は 料理が 好きです。
Haha wa ryouri ga sukidesu

〔E〕My mother likes cooking.
〔S〕A mi madre le gusta la comida.
〔P〕A minha mãe gosta de cozinhar.
〔F〕Ma mère aime cuisiner.

私は あなたが 好きです。
Watashi wa anata ga sukidesu

〔E〕I like you.
〔S〕Me gustas tú.
〔P〕Eu gosto de você.
〔F〕Je t'aime.

～がほしいです

Track 45

～ ga hoshiidesu

〔Basic Phrase、Frase básica、Frase básica、Phrases de base〕

私(わたし)は 新(あたら)しいテレビが ほしいです。

Watashi wa atarashii terebi ga hoshiidesu

〔E〕I want a new TV.
〔S〕Quiero un televisor nuevo.
〔P〕Eu quero uma televisão nova.
〔F〕Je veux une nouvelle télé.

「～がほしいです」は、自分(じぶん)が買(か)いたい物(もの)、手(て)に入(い)れたい物(もの)などについて話(はな)すときの表現(ひょうげん)です。

〔English〕 "~ ga hoshiidesu" is an expression that you or someone want to buy or get something.

〔Spanish〕 "~ ga hoshiidesu" expresión para hablar sobre cosas que queremos comprar, conseguir, etc.

〔Português brasileiro〕 "~ ga hoshiidesu" é uma expressão que se refere a algo que se deseja comprar ou obter.

〔French〕 "~ ga hoshiidesu" est une expression utilisée pour parler de quelque chose que l'on souhaiterait avoir.

〔Basic Pattern、Patrón básico、Padrão básico、Forme affirmative〕

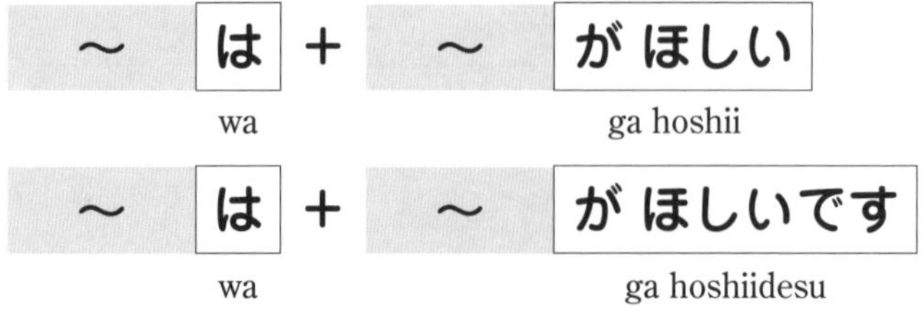

基本パターンで言ってみよう!

私は 車が ほしい。
Watashi wa kuruma ga hoshii

〔E〕I want a car.
〔S〕Quiero un carro.
〔P〕Eu quero um carro.
〔F〕Je veux une voiture.

私は 彼氏が ほしいです。
Watashi wa kareshi ga hoshiidesu

〔E〕I want a boyfriend.
〔S〕Quiero un novio.
〔P〕Eu quero um namorado.
〔F〕Je veux un copain.

僕は 彼女が ほしいです。
Boku wa kanojo ga hoshiidesu

〔E〕I want a girlfriend.
〔S〕Quiero una novia.
〔P〕Eu quero uma namorada.
〔F〕Je veux une copine.

私は 薬が ほしいです。
Watashi wa kusuri ga hoshiidesu

〔E〕I want medicine.
〔S〕Quiero una medicina.
〔P〕Eu quero um remédio.
〔F〕Je veux des médicaments.

私は 新しい時計が ほしいです。
Watashi wa atarashii tokei ga hoshiidesu

〔E〕I want a new clock.
〔S〕Quiero un reloj nuevo.
〔P〕Eu quero um relógio novo.
〔F〕Je veux une nouvelle montre.

私は もっと休みが ほしいです。
Watashi wa motto yasumi ga hoshiidesu

〔E〕I want more days off.
〔S〕Quiero descansar más.
〔P〕Eu quero mais dias de folga.
〔F〕Je veux plus de jours de repos.

～が必要(ひつよう)です

Track 46

～ ga hitsuyoudesu

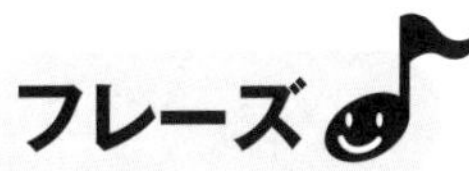

〔Basic Phrase、Frase básica、Frase básica、Phrases de base〕

あなたの アドバイスが 必要(ひつよう)です。

Anata no　adobaisu ga　hitsuyoudesu

〔E〕I need your advice.　〔S〕Necesito tu consejo.

〔P〕Eu preciso do seu conselho.　〔F〕J'ai besoin de tes conseils.

「～が必要(ひつよう)です」は、自分(じぶん)が求(もと)めている物(もの)、足(た)りない物(もの)などについての表現(ひょうげん)です。

〔English〕 "~ ga hitsuyoudesu" is an expression that you or someone needs something.

〔Spanish〕 "~ ga hitsuyoudesu" expresión para algo que exigimos, nos falta, etc.

〔Português brasileiro〕 "~ ga hitsuyoudesu" é uma expressão que descreve sua necessidade (o que falta, etc.).

〔French〕 "~ ga hitsuyoudesu" est une expression utilisée pour exprimer ce qui est nécessaire.

●基本(きほん)パターン●

〔Basic Pattern、Patrón básico、Padrão básico、Forme affirmative〕

～ **は** (wa) ＋ ～ **が 必要(ひつよう)だ** (ga hitsuyouda)

～ **は** (wa) ＋ ～ **が 必要(ひつよう)です** (ga hitsuyoudesu)

基本(きほん)パターンで言(い)ってみよう!

あなたの 助(たす)けが 必要(ひつよう)です。

Anata no tasuke ga hitsuyoudesu

〔E〕I need your help.
〔S〕Necesito tu ayuda.
〔P〕Eu preciso da sua ajuda.
〔F〕J'ai besoin de ton aide.

彼(かれ)は 休(やす)みが 必要(ひつよう)です。

Kare wa yasumi ga hitsuyoudesu

〔E〕He needs a rest.
〔S〕Él necesita descansar.
〔P〕Ele precisa descansar.
〔F〕Il a besoin de repos.

私(わたし)は お金(かね)が 必要(ひつよう)です。

Watashi wa okane ga hitsuyoudesu

〔E〕I need money.
〔S〕Necesito dinero.
〔P〕Eu preciso de dinheiro.
〔F〕J'ai besoin d'argent.

予約(よやく)が 必要(ひつよう)です。

Yoyaku ga hitsuyoudesu

〔E〕You need to make a reservation.
〔S〕Se necesita reserva.
〔P〕Você precisa fazer uma reserva.
〔F〕Il faut faire une réservation.

ビザが 必要(ひつよう)です。

Biza ga hitsuyoudesu

〔E〕I need a visa.
〔S〕Se necesita visado.
〔P〕Eu preciso de um visto.
〔F〕Il faut un visa.

<否定(ひてい)>

ビザは 必要(ひつよう)ありません。

Biza wa hitsuyou arimasen

〔E〕I don't need a visa.
〔S〕No se necesita visado.
〔P〕Eu não preciso de um visto.
〔F〕Un visa n'est pas nécessaire.

37 ～だそうです

Track 47

～ dasoudesu

〔Basic Phrase、Frase básica、Frase básica、Phrases de base〕

彼(かれ)は 休(やす)みだそうです。

Kare wa yasumi dasoudesu

〔E〕I hear he's off.

〔S〕Dicen que él está de descanso.

〔P〕Ouvi dizer que ele está de folga.

〔F〕Il paraît qu'il est en repos.

「～だそうです」は、ある人物(じんぶつ)の様子(ようす)や、物事(ものごと)の状況(じょうきょう)などについて聞(き)いたことを伝(つた)える表現(ひょうげん)です。

〔English〕	"~ dasoudesu" is an expression that you hear something and tell other people about someone or something's condition.
〔Spanish〕	"~ dasoudesu" expresión para hablar sobre algo que se ha oído sobre la condición de algo o alguien.
〔Português brasileiro〕	"~ dasoudesu" é usada para transmitir o que ouviu sobre a situação de alguém ou o estado das coisas.
〔French〕	"~ dasoudesu" est une expression utilisée pour parler d'une rumeur, ou d'informations que l'on a su via d'autres personnes.

〔Basic Pattern、Patrón básico、Padrão básico、Forme affirmative〕

～ は (wa) ＋ ～ だそうです (dasoudesu)

～ は (wa) ＋ ～ するそうです (surusoudesu)

～ は (wa) ＋ ～ したそうです (shitasoudesu)

基本パターンで言ってみよう！

彼女は 病気だそうです。
Kanojo wa byouki dasoudesu

〔E〕I hear she's ill.
〔S〕Dicen que ella está enferma.
〔P〕Ouvi dizer que ela está doente.
〔F〕Il paraît qu'elle est malade.

あの話は 本当だそうです。
Ano hanashi wa hontou dasoudesu

〔E〕I hear that story is true.
〔S〕Dicen que eso es verdad.
〔P〕Ouvi dizer que essa história é verdadeira.
〔F〕Il semblerait que cette histoire soit vraie.

彼は 留学するそうです。
Kare wa ryugakusuru soudesu

〔E〕I hear he'll study abroad.
〔S〕Dicen que él se va de viaje de estudios.
〔P〕Ouvi dizer que ele vai estudar no exterior.
〔F〕Il semblerait qu'il parte étudier à l'étranger.

＜過去＞

先生は 結婚したそうです。
Sensei wa kekkonshita soudesu

〔E〕I hear our teacher got married.
〔S〕Dicen que el profesor / doctor se casó.
〔P〕Ouvi dizer que o professor se casou.
〔F〕Il paraît que notre professeur va se marier.

彼女は 入院したそうです。
Kanojo wa nyuinshita soudesu

〔E〕I hear she was hospitalized.
〔S〕Dicen que ella estuvo hospitalizada.
〔P〕Ouvi dizer que ela foi hospitalizada.
〔F〕Il paraît qu'elle a été hospitalisée.

地震が あったそうです。
Jishin ga atta soudesu

〔E〕I hear an earthquake occurred.
〔S〕Dicen que hubo un terremoto.
〔P〕Ouvi dizer que houve um terremoto.
〔F〕Il semblerait qu'il y ait eut un séisme.

38 ～らしい

Track 48

～ rashii

基本(きほん)フレーズ〔Basic Phrase、Frase básica、Frase básica、Phrases de base〕

彼女(かのじょ)は 来月(らいげつ) 結婚(けっこん)するらしい。

Kanojo wa raigetsu kekkonsuru rashii

〔E〕I hear she'll get married next month.

〔S〕Por lo visto ella se casa el mes que viene.

〔P〕Parece que ela vai se casar no próximo mês.

〔F〕Paraît qu'elle va se marier le mois prochain.

「～らしい」は、ある人物(じんぶつ)や物事(ものごと)などについて聞(き)いたことを伝(つた)えたり、根拠(こんきょ)に基(もと)づいて推測(すいそく)する表現(ひょうげん)です。

〔English〕 "～ rashii" is an expression that you hear something and tell other people about someone or something's condition or guess something based on a substantial fact.

〔Spanish〕 "～ rashii" expresión para hablar sobre algo que se ha oído sobre la condición de algo o alguien basado en algún hecho.

〔Português brasileiro〕 "～ rashii" é uma expressão que transmite o que ouviu sobre uma determinada pessoa/fato, ou presume algo com base em evidências.

〔French〕 "～ rashii" est une expression utilisée pour rapporter les dires d'autres personnes, ou parler d'une chose potentielle basée sur d'autres faits.

●基本(きほん)パターン●〔Basic Pattern、Patrón básico、Padrão básico、Forme affirmative〕

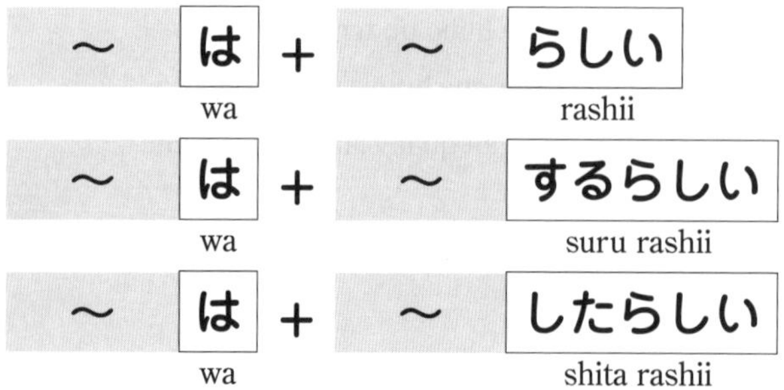

基本パターンで言ってみよう!

明日、雨が 降るらしい。
Ashita ame ga huru rashii

〔E〕It seems like it will rain tomorrow.
〔S〕Por lo visto va a llover mañana.
〔P〕Parece que vai chover amanhã.
〔F〕Apparemment, il va pleuvoir demain.

週末に 台風が 来るらしい。
Shumatsu ni taihu ga kuru rashii

〔E〕It seems that a typhoon is coming this weekend.
〔S〕Por lo visto viene un tifón el fin de semana.
〔P〕Parece que um tufão está chegando neste fim de semana.
〔F〕Il faut croire qu'on ait un typhon ce week-end.

彼女は 病気らしい。
Kanojo wa byouki rashii

〔E〕It seems that she is ill.
〔S〕Por lo visto ella está enferma.
〔P〕Parece que ela está doente.
〔F〕Il paraît qu'elle est malade.

彼は 来週 帰国するらしい。
Kare wa raishu kikokusuru rashii

〔E〕I hear he'll go back to his country next week.
〔S〕Por lo visto él regresa a su país la semana próxima.
〔P〕Parece que ele vai retornar ao seu país na próxima semana.
〔F〕Il parait qu'il rentre dans son pays la semaine prochaine.

その仕事は 大変らしい。
Sono shigoto wa taihen rashii

〔E〕The work seems to be difficult.
〔S〕Por lo visto ese trabajo es terrible.
〔P〕Parece que esse trabalho é difícil.
〔F〕Paraît que ce boulot est dur.

＜過去＞
地震が 起きたらしい。
Jishin ga okita rashii

〔E〕It seems that an earthquake occurred.
〔S〕Por lo visto hubo un temblor.
〔P〕Parece que houve um terremoto.
〔F〕Il paraît qu'il y a eut un séisme.

39 ～のようです

Track 49

～ noyoudesu

基本フレーズ〔Basic Phrase、Frase básica、Frase básica、Phrases de base〕

彼女は 留学生 のようです。

Kanojo wa　ryugakusei　　noyoudesu

〔E〕She seems to be an international student.

〔S〕Parece ser que ella es estudiante extranjera.

〔P〕Ela parece ser uma estudante intercambista.

〔F〕Il semblerait qu'elle soit une étudiante en échange.

「～のようです」は、ある人物の様子や、物事の状況などについて推測する表現です。

〔English〕 "~ noyoudesu" is an expression that guess someone or something's condition.

〔Spanish〕 "~ noyoudesu" expresión para hablar sobre algo de manera tentativa.

〔Português brasileiro〕 "~ noyoudesu" é uma expressão que supõe a situação de uma determinada pessoa ou algo.

〔French〕 "~ noyoudesu" est une expression utilisée lorsque l'on parle de la situation d'une personne, sans avoir de certitude.

●基本パターン● 〔Basic Pattern、Patrón básico、Padrão básico、Forme affirmative〕

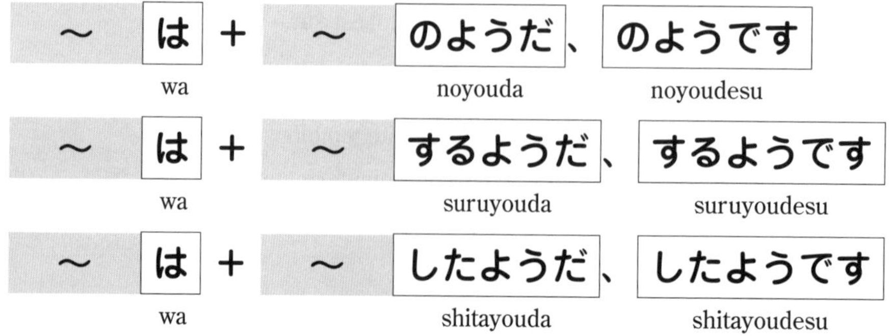

～ は (wa) ＋ ～ のようだ (noyouda)、のようです (noyoudesu)

～ は (wa) ＋ ～ するようだ (suruyouda)、するようです (suruyoudesu)

～ は (wa) ＋ ～ したようだ (shitayouda)、したようです (shitayoudesu)

基本(きほん)パターンで言(い)ってみよう!

彼(かれ)は 病気(びょうき)のようです。

Kare wa byouki noyoudesu

〔E〕He seems to be sick.
〔S〕Parece ser que él está enfermo.
〔P〕Ele parece estar doente.
〔F〕Il semblerait qu'il soit malade.

彼(かれ)は 怒(おこ)っているようだ。

Kare wa okotteiru youda

〔E〕He seems to be angry.
〔S〕Parece ser que él está enojado.
〔P〕Ele parece estar zangado.
〔F〕Il a l'air en colère.

私(わたし)は 風邪(かぜ)を ひいたようだ。

Watashi wa kaze wo hiita youda

〔E〕I think I have caught a cold.
〔S〕Parece ser que he cogido un resfriado.
〔P〕Parece que peguei um resfriado.
〔F〕Je crois que j'ai attrapé(e) un rhume.

週末(しゅうまつ)に 台風(たいふう)が 来(く)るようだ。

Shumatsu ni taihu ga kuru youda

〔E〕It seems a typhoon will come during the weekend.
〔S〕Parece ser que viene un tifón el fin de semana.
〔P〕Um tufão parece estar chegando neste fim de semana.
〔F〕Il semblerait qu'on ait un typhon ce week-end.

火事(かじ)が あったようです。

Kaji ga atta youdesu

〔E〕It seems a fire broke out.
〔S〕Parece ser que hubo un incendio.
〔P〕Parece que houve um incêndio.
〔F〕Il semblerait qu'il y ait eu un incendie.

事故(じこ)が あったようです。

Jiko ga atta youdesu

〔E〕It seems an accident occurred.
〔S〕Parece ser que hubo un accidente.
〔P〕Parece que houve um acidente.
〔F〕Il semblerait qu'un accident a eu lieu.

40 ～そうです

Track 50

～ soudesu

〔Basic Phrase、Frase básica、Frase básica、Phrases de base〕

その映画(えいが)は おもしろそうです。

Sono eiga wa omoshirosoudesu

〔E〕The movie seems to be interesting.
〔S〕Esa película parece interesante / divertida.
〔P〕Esse filme parece ser interessante.
〔F〕Ce film a l'air intéressant.

「～そうです」は、ある事柄(ことがら)・人物(じんぶつ)などについての印象(いんしょう)・感想(かんそう)などを話(はな)すときの表現(ひょうげん)です。

〔English〕 "～ soudesu" is an expression that describes an impression or thought about a thing or a person.

〔Spanish〕 "～ soudesu" expresión para describir impresión o pensamiento sobre algo o alguien.

〔Português brasileiro〕 "～ soudesu" é uma expressão que descreve uma impressão ou opinião sobre algo ou alguém.

〔French〕 "～ soudesu" est une expression utilisée pour parler du ressentie, ou de l'impression que se fait une personne sur un sujet particulier.

〔Basic Pattern、Patrón básico、Padrão básico、Forme affirmative〕

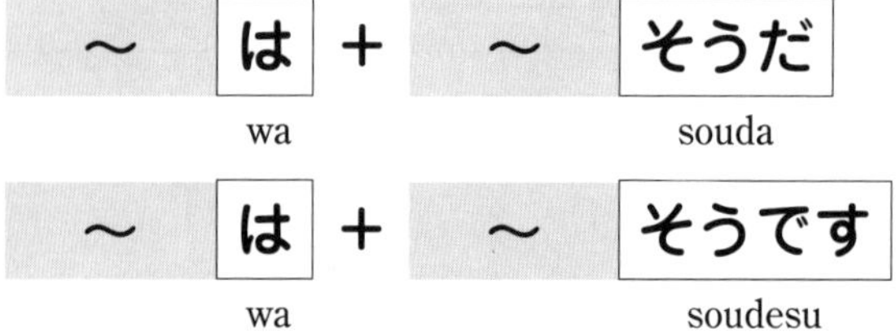

基本(きほん)パターンで言(い)ってみよう!

これは おいしそうです。
Kore wa oishisoudesu

〔E〕This seems to be delicious.
〔S〕Esto parece delicioso.
〔P〕Isto parece ser delicioso.
〔F〕Ça a l'air bon.

彼(かれ)らは 楽(たの)しそうです。
Karera wa tanoshisoudesu

〔E〕They seem to be having fun.
〔S〕Ellos parecen divertidos.
〔P〕Eles parecem estar se divertindo.
〔F〕Ils ont l'air de bien s'amuser.

この辞書(じしょ)は 良(よ)さそうです。
Kono jisho wa yosasoudesu

〔E〕This dictionary seems to be good.
〔S〕Este diccionario parece bueno.
〔P〕Este dicionário parece ser bom.
〔F〕Ce dictionnaire a l'air bien.

あの先生(せんせい)は 厳(きび)しそうだ。
Ano sensei wa kibishisouda

〔E〕That teacher seems to be strict.
〔S〕Aquel profesor / médico parece severo.
〔P〕Aquele/a professor/a parece ser rigoroso/a.
〔F〕Ce professeur a l'air stricte.

彼(かれ)は 忙(いそが)しそうだ。
Kare wa isogashisouda

〔E〕He seems busy.
〔S〕Él parece ocupado.
〔P〕Ele parece estar ocupado.
〔F〕Il a l'air occupé.

その仕事(しごと)は 大変(たいへん)そうだ。
Sono shigoto wa taihensouda

〔E〕The work seems to be difficult.
〔S〕Ese trabajo parece terrible.
〔P〕Esse trabalho parece ser difícil.
〔F〕Ce travail a l'air d'être difficile.

41 ～するはずです

Track 51

～ suruhazudesu

〔Basic Phrase、Frase básica、Frase básica、Phrases de base〕

彼は 5 時に 来るはずです。

Kare wa goji ni kuruhazudesu

〔E〕He is sure to come here at five.
〔S〕Él debe venir a las 5.
〔P〕Ele deve chegar às cinco horas.
〔F〕Il est censé arriver à 5 heures.

「～するはずです」は、ある人物、物事の予定などについて、確信をもって話すときの表現です。

〔English〕 "~ suruhazudesu" is an expression that talks about a person's schedule or an event they are sure of.

〔Spanish〕 "~ suruhazudesu" expresión para hablar sobre agenda, previsión, etc. de eventos o cosas con certeza.

〔Português brasileiro〕 "~ suruhazudesu" é uma expressão que se refere a um plano de uma pessoa ou de um evento do qual tem certeza.

〔French〕 "~ suruhazudesu" est une expression utilisée pour parler avec précision des actions de prévues dans le temps.

●基本パターン●

〔Basic Pattern、Patrón básico、Padrão básico、Forme affirmative〕

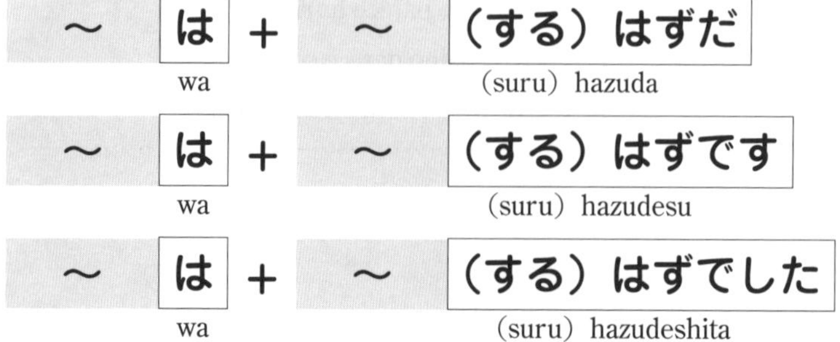

基本パターンで言ってみよう！

彼は 8 時に 出社するはずです。
Kare wa hachiji ni shusshasuruhazudesu

〔E〕He is sure to come to the office by eight.
〔S〕Él debe ir a la empresa a las 8.
〔P〕Ele deve chegar ao trabalho às oito horas.
〔F〕Il est censé venir travailler à 8 heures.

荷物は 今日 届くはずです。
Nimotsu wa kyou todokuhazudesu

〔E〕The luggage is sure to arrive today.
〔S〕El paquete debe llegar hoy.
〔P〕A bagagem deve chegar hoje.
〔F〕Les affaires sont censées arriver aujourd'hui.

今日、試合が あるはずです。
Kyou shiai ga aruhazudesu

〔E〕The game is sure to be held today.
〔S〕Hoy debe de haber partido.
〔P〕Hoje deve ter um jogo.
〔F〕On est censé avoir un match aujourd'hui.

明日、会議が あるはずです。
Ashita kaigi ga aruhazudesu

〔E〕The conference is sure to be held tomorrow.
〔S〕Mañana debe de haber una reunión.
〔P〕Amanhã deve haver uma reunião.
〔F〕On est censé avoir une réunion demain.

近くに お店が あるはずです。
Chikaku ni omise ga aruhazudesu

〔E〕There should be a shop nearby.
〔S〕Debe haber una tienda cerca.
〔P〕Deve ter uma loja por perto.
〔F〕Il devrait y avoir un restaurant dans le coin.

<過去>
昨日、友達に 会うはずでした。
Kinou tomodachi ni auhazudeshida

〔E〕I was supposed to see a friend yesterday.
〔S〕Yo debía haber visto a un/-a amigo/-a ayer.
〔P〕Eu deveria ter me encontrado com um amigo ontem.
〔F〕J'étais censé(e) voir mon ami(e) hier.

42 ～すぎます

Track 52

～ sugimasu

基本(きほん)フレーズ 〔Basic Phrase、Frase básica、Frase básica、Phrases de base〕

これは 大(おお)きすぎます。

Kore wa okisugimasu

〔E〕This is too big.　〔S〕Esto es demasiado grande.

〔P〕Isto é muito grande.　〔F〕C'est trop grand.

「～すぎます」は、サイズ・量(りょう)・程度(ていど)などが自分(じぶん)の予想(よそう)・希望(きぼう)とかなり違(ちが)っていたときの表現(ひょうげん)です。

〔English〕 "～ sugimasu" is an expression that the size, the amount or degree is very different from what you expected.

〔Spanish〕 "～ sugimasu" expresión a usar cuando el tamaño, cantidad o nivel de algo es bastante distinto de lo que se esperaba o deseaba.

〔Português brasileiro〕 "～ sugimasu" expressa uma diferença considerável no tamanho, na quantidade ou no grau em relação ao que se esperava.

〔French〕 "～ sugimasu" est une expression utilisée lorsque la quantité, taille ou autre de quelque chose est largement différente que ce que l'on pensait.

●基本(きほん)パターン● 〔Basic Pattern、Patrón básico、Padrão básico、Forme affirmative〕

～ は + ～ すぎる
wa　sugiru

～ は + ～ すぎます
wa　sugimasu

～ は + ～ すぎました
wa　sugimashita

基本(きほん)パターンで言(い)ってみよう！

それは 小(ちい)さすぎます。

Sore wa chiisasugimasu

〔E〕It's too small.
〔S〕Eso es demasiado pequeño.
〔P〕Isso é muito pequeno.
〔F〕C'est trop petit.

これは 辛(から)すぎます。

Kore wa karasugimasu

〔E〕This is too spicy.
〔S〕Esto está demasiado picante.
〔P〕Isto é muito picante.
〔F〕C'est trop épicé.

量(りょう)が 多(おお)すぎます。

Ryou ga osugimasu

〔E〕Too much.
〔S〕Es demasiada cantidad.
〔P〕Esta quantidade é demais.
〔F〕Il y en a trop.

量(りょう)が 少(すく)なすぎます。

Ryou ga sukunasugimasu

〔E〕Too little.
〔S〕Es demasiado poca cantidad.
〔P〕Esta quantidade é muito pouca.
〔F〕Il n'y en a pas assez.

お湯(ゆ)が 熱(あつ)すぎます。

Oyu ga atsusugimasu

〔E〕The water is too hot.
〔S〕El agua está demasiado caliente.
〔P〕A água está quente demais.
〔F〕L'eau est trop chaude.

＜過去(かこ)＞

昨日(きのう)、食(た)べすぎました。

Kinou tabesugimashita

〔E〕I ate too much yesterday.
〔S〕Ayer comí demasiado.
〔P〕Eu comi demais ontem.
〔F〕J'ai trop mangé(e) hier.

…より～です

Track 53

... yori ～ desu

〔Basic Phrase、Frase básica、Frase básica、Phrases de base〕

私(わたし)は 彼(かれ)より 年上(としうえ)です。

Watashi wa kare yori toshiue desu

〔E〕I'm older than him.
〔S〕Yo soy mayor que él.
〔P〕Eu sou mais velho/a do que ele.
〔F〕Je suis plus âgé(e) que lui.

「…より～です」は、ある2つの物(もの)を比較(ひかく)して、サイズ・量(りょう)・程度(ていど)などについての表現(ひょうげん)です。

〔English〕	"... yori ~ desu" is an expression that compares two things in size, amount or degree.
〔Spanish〕	"... yori ~ desu" expresión para comparar el tamaño, cantidad o nivel de dos cosas.
〔Português brasileiro〕	"... yori ~ desu" é uma expressão que compara duas coisas em termos de tamanho, quantidade ou grau.
〔French〕	"... yori ~ desu" est une expression utilisée pour comparer deux choses. (Taille, quantité ou niveau, etc.)

●基本(きほん)パターン● 〔Basic Pattern、Patrón básico、Padrão básico、Forme affirmative〕

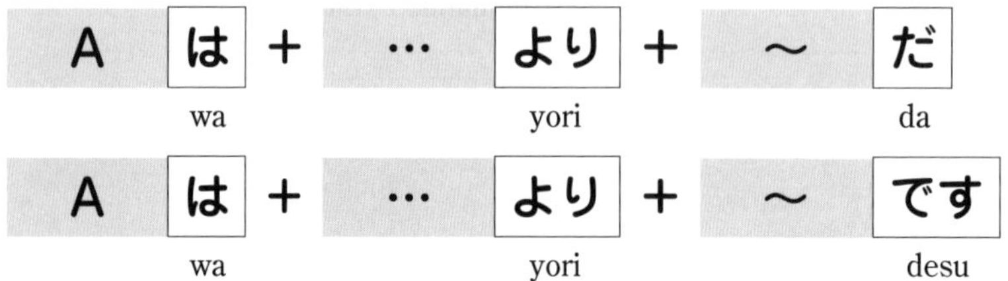

基本(きほん)パターンで言(い)ってみよう!

私(わたし)は 彼女(かのじょ)より 年下(としした)です。
Watashi wa kanojo yori toshishita desu

〔E〕I'm younger than her.
〔S〕Yo soy menor que ella.
〔P〕Eu sou mais jovem do que ela.
〔F〕Elle est plus jeune que moi.

これは あれより 高(たか)いです。
Kore wa are yori takai desu

〔E〕This is more expensive than that.
〔S〕Esto es más caro que aquello.
〔P〕Isto é mais caro do que aquilo.
〔F〕C'est plus cher que l'autre.

これは それより 安(やす)いです。
Kore wa sore yori yasui desu

〔E〕This is cheaper than that.
〔S〕Esto es más barato que eso.
〔P〕Isto é mais barato do que isso.
〔F〕C'est moins cher que l'autre.

今年(ことし)は 去年(きょねん)より 暑(あつ)いです。
Kotoshi wa kyonen yori atsui desu

〔E〕It's hotter this year than last year.
〔S〕Este año hace más calor que el anterior.
〔P〕Este ano está mais quente do que o ano passado.
〔F〕Il fait plus chaud cette année.

今週(こんしゅう)は 先週(せんしゅう)より 寒(さむ)いです。
Konshu wa senshu yori samui desu

〔E〕It's colder this week than last week.
〔S〕Esta semana hace más frío que la anterior.
〔P〕Esta semana está mais fria do que a semana passada .
〔F〕Il fait plus froid cette semaine.

私(わたし)は 肉(にく)より 魚(さかな)が 好(す)きです。
Watashi wa niku yori sakana ga suki desu

〔E〕I prefer fish to meat.
〔S〕Me gusta más el pescado que la carne.
〔P〕Eu prefiro o peixe à carne.
〔F〕Je préfère le poisson à la viande.

44 ～かもしれません

Track 54

～ kamoshiremasen

〔Basic Phrase、Frase básica、Frase básica、Phrases de base〕

弟が 来るかもしれません。

Otouto ga kuru kamoshiremasen

〔E〕My younger brother might come.
〔S〕Puede que venga mi hermano (menor).
〔P〕Talvez o meu irmão venha.
〔F〕Mon frère va peut-être venir.

「～かもしれません」は、ある事柄や人について、自分の推測を述べるときの表現です。

〔English〕 "~kamoshiremasen" is an expression about your assumptions about a thing or a person.

〔Spanish〕 "~kamoshiremasen" expresión para mencionar las conjeturas propias sobre algo o alguien.

〔Português brasileiro〕 "~kamoshiremasen" é usada para indicar uma suposição sobre um determinado assunto ou pessoa.

〔French〕 "~ kamoshiremasen" est une expression utilisée pour parler de la possibilité d'une chose, ou d'assomptions.

〔Basic Pattern、Patrón básico、Padrão básico、Forme affirmative〕

～ は + ～ かもしれない
wa kamoshirenai

～ は + ～ かもしれません
wa kamoshiremasen

基本(きほん)パターンで言(い)ってみよう!

だれか 来(く)るかもしれません。
Dareka kuru kamoshiremasen

〔E〕Someone might come.
〔S〕Puede que venga alguien.
〔P〕Alguém pode vir.
〔F〕Quelqu'un va peut-être venir.

予定(よてい)が 変(か)わるかもしれません。
Yotei ga kawaru kamoshiremasen

〔E〕Our plans might change
〔S〕Puede que el plan cambie.
〔P〕Os planos podem mudar.
〔F〕Les plans risquent de changer.

人数(にんずう)が 増(ふ)えるかもしれません。
Ninzu ga hueru kamoshiremasen

〔E〕The number of people might increase.
〔S〕Puede que el número de personas aumente.
〔P〕O número de pessoas pode aumentar.
〔F〕Il y aura peut-être plus de monde.

病院(びょういん)で 少(すこ)し
待(ま)つかもしれません。
Byouin de sukoshi matsu kamoshiremasen

〔E〕You may wait a little at the hospital.
〔S〕Puede que espere /-es /-emos /-en un poco en el hospital.
〔P〕Você pode ter que esperar um pouco no hospital.
〔F〕Il est possible d'attendre un peu à l'hôpital.

あなたと 一緒(いっしょ)に
行(い)けるかもしれません。
Anata to isshoni ikeru kamoshiremasen

〔E〕I might be able to go with you.
〔S〕Puede que pueda / podamos ir contigo.
〔P〕Talvez eu possa ir com você.
〔F〕J'irais peut-être avec toi.

<否定(ひてい)>
私(わたし)は 行(い)かないかもしれません。
Watashi wa ikanai kamoshiremasen

〔E〕I may not go there.
〔S〕Puede que yo no vaya.
〔P〕Talvez eu não vá.
〔F〕Je n'y irais peut-être pas.

45 ～してしまいました

Track 55

～ shiteshimaimashita

〔Basic Phrase、Frase básica、Frase básica、Phrases de base〕

遅刻(ちこく)してしまいました。

Chikokushiteshimaimashita

〔E〕 I was late.
〔S〕 Me he / se ha / nos hemos demorado.
〔P〕 Eu me atrasei.
〔F〕 J'ai fini par être en retard.

「～してしまいました」は、うっかりやってしまったことなどについての表現(ひょうげん)です。

〔English〕 "~ shiteshimaimashita" is an expression showing that you did something unintentionally.

〔Spanish〕 "~ shiteshimaimashita" expresión sobre algo hecho sin intención, etc.

〔Português brasileiro〕 "~ shiteshimaimashita" é uma expressão que se refere a algo na qual o indivíduo fez algo inadvertidamente.

〔French〕 "~ shiteshimaimashita" est une expression utilisée pour décrire une action faite par erreur, ou sans le vouloir.

〔Basic Pattern、Patrón básico、Padrão básico、Forme affirmative〕

～ は + ～ してしまった
wa shiteshimatta

～ は + ～ してしまいました
wa shiteshimaimashita

基本パターンで言ってみよう!

寝坊してしまいました。

Neboushiteshimaimashita

〔E〕I overslept.

〔S〕Me he / se han / nos hemos quedado dormido/-s/-a/-as.

〔P〕Eu dormi demais.

〔F〕J'ai fini par dormir trop longtemps.

機械が 故障してしまいました。

Kikai ga koshoushiteshimaimashita

〔E〕The machine broke down.

〔S〕La máquina se ha averiado.

〔P〕A máquina quebrou.

〔F〕L'appareil a fini par ne plus marcher.

財布を なくしてしまいました。

Saihu wo nakushiteshimaimashita

〔E〕I lost my wallet.

〔S〕Perdí / Perdió / Perdimos la billetera.

〔P〕Eu perdi a minha carteira.

〔F〕J'ai fini par perdre mon porte-monnaie.

お皿を 割ってしまいました。

Osara wo watteshimaimashita

〔E〕I carelessly broke the dishes.

〔S〕Rompí / Rompió / Rompiste / Rompieron un plato.

〔P〕Eu quebrei o prato.

〔F〕J'ai fini par casser une assiette.

スマホを 忘れてしまいました。

Sumaho wo wasureteshimaimashita

〔E〕I forgot to bring my smartphone.

〔S〕Olvidé / Olvidamos el celular.

〔P〕Eu esqueci o meu smartphone.

〔F〕J'ai fini par oublier mon téléphone.

彼は 会社を
辞めてしまいました。

Kare wa kaisha wo yameteshimaimashita

〔E〕He quit the company (for some reason).

〔S〕Él dejó la empresa.

〔P〕Ele deixou a empresa.

〔F〕Il a fini par arrêter de travailler dans cette compagnie.

～したところです

Track 56

～ shitatokorodesu

〔Basic Phrase、Frase básica、Frase básica、Phrases de base〕

私(わたし)は お昼(ひる)を 食(た)べたところです。

Watashi wa ohiru wo tabeta tokorodesu

〔E〕I just ate lunch.

〔S〕Acabo de almorzar.

〔P〕Eu acabei de almoçar.

〔F〕Je viens juste de manger mon déjeuner.

「～したところです」は、ある行為(こうい)をしたり、ちょうどやり終(お)えたときの表現(ひょうげん)です。

〔English〕 "～ shitatokorodesu" is an expression that someone or something has just finished.

〔Spanish〕 "～ shitatokorodesu" expresión para cuando se ha acabado de hacer algo.

〔Português brasileiro〕 "～ shitatokorodesu" é uma expressão que se refere a uma ação que acabou de realizar ou foi concluída.

〔French〕 "～ shitatokorodesu" est utilisée pour exprimer une action qui vient de se terminer.

〔Basic Pattern、Patrón básico、Padrão básico、Forme affirmative〕

～ は (wa) ＋ ～ したところだ (shitatokoroda)

～ は (wa) ＋ ～ したところです (shitatokorodesu)

基本(きほん)パターンで言(い)ってみよう!

駅(えき)に 着(つ)いたところです。

Eki ni tsuita tokorodesu

〔E〕I just arrived at the station.
〔S〕Acabo de llegar a la estación.
〔P〕Eu acabei de chegar na estação.
〔F〕Je viens juste d'arriver à la gare.

家(いえ)に 帰(かえ)ったところです。

Ie ni kaetta tokorodesu

〔E〕I've just got home.
〔S〕Acabo de regresar a casa.
〔P〕Eu acabei de chegar em casa.
〔F〕Je viens de rentrer à la maison.

ちょうど 電車(でんしゃ)が 行(い)ったところです。

Choudo densha ga itta tokorodesu

〔E〕The train just left.
〔S〕Acaba de irse el tren justo ahora.
〔P〕O trem acabou de partir.
〔F〕Le train vient juste de partir.

夕食(ゆうしょく)が 出来(でき)たところです。

Yushoku ga dekita tokorodesu

〔E〕Dinner is just ready.
〔S〕Acaba/-o/-amos/-an de preparar la cena.
〔P〕O jantar acabou de ficar pronto.
〔F〕Le dîner vient juste d'être prêt.

宿題(しゅくだい)を 終(お)えたところです。

Shukudai wo oeta tokorodesu

〔E〕I've just finished my homework.
〔S〕Acabo de terminar las tareas.
〔P〕Eu acabei de terminar a minha lição de casa.
〔F〕Je viens juste de finir mes devoirs.

仕事(しごと)を 終(お)えたところです。

Shigoto wo oeta tokorodesu

〔E〕I've just finished my work.
〔S〕Acabo de terminar el trabajo.
〔P〕Eu acabei de terminar o trabalho.
〔F〕Je viens juste de finir mon boulot.

~しなさい

Track 57

~ shinasai

〔Basic Phrase、Frase básica、Frase básica、Phrases de base〕

車に注意しなさい。

Kuruma ni chui shinasai

〔E〕Watch out for cars.
〔S〕Ten cuidado con el carro.
〔P〕Cuidado com os carros.
〔F〕Fais attention à la voiture.

「~しなさい」は、親・先生などが子供・生徒などに指示・命令するときの表現です。です。

〔English〕 "~ shinasai" is an expression that parents or teachers use to tell their children or students to do something.

〔Spanish〕 "~ shinasai" expresión que usan padres o profesores para decirles a sus hijos o estudiantes que hagan algo.

〔Português brasileiro〕 "~ shinasai" é uma expressão que os pais/professores usam para dar instruções ou ordens aos filhos/alunos.

〔French〕 "~ shinasai" est une expression utilisée souvent par les parents ou professeurs lorsqu'ils donnent un ordre à leurs enfants, ou élèves.

〔Basic Pattern、Patrón básico、Padrão básico、Forme affirmative〕

~ しなさい

shinasai

基本パターンで言ってみよう!

この部屋を 掃除しなさい。

Kono heya wo souji shinasai

〔E〕Clean this room.
〔S〕Limpia esta habitación.
〔P〕Limpe este quarto.
〔F〕Nettoie cette pièce.

荷物を 整理しなさい。

Nimotsu wo seiri shinasai

〔E〕Organize your luggage.
〔S〕Ordena las maletas.
〔P〕Organize a sua bagagem.
〔F〕Range tes affaires.

宿題を 提出しなさい。

Shukudai wo teishutsu shinasai

〔E〕Hand in your homework.
〔S〕Entregue los deberes.
〔P〕Entregue a sua lição de casa.
〔F〕Donne-moi ton devoir.

もっと 勉強しなさい。

Motto benkyou shinasai

〔E〕Study harder.
〔S〕Estudia más.
〔P〕Estude mais.
〔F〕Étudie plus.

静かに しなさい。

Shizukani shinasai

〔E〕Be quiet.
〔S〕Estate callado.
〔P〕Fique quieto.
〔F〕Soyez silencieux.

あとで 職員室に 来なさい。

Atode shokuinshitsu ni kinasai

〔E〕Come to the staff room later.
〔S〕Ven después al cuarto de personal.
〔P〕Venha para a sala dos professores mais tarde.
〔F〕Venez au bureau des professeurs après.

あまり～ない

Track 58

amari ～ nai

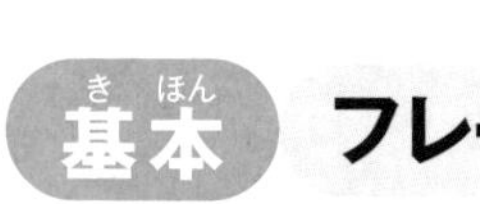

〔Basic Phrase、Frase básica、Frase básica、Phrases de base〕

これは あまり おいしくない。

Kore wa amari oishikunai

〔E〕This isn't very good. 〔S〕Esto no está muy rico.

〔P〕Isto não é muito gostoso. 〔F〕Ce n'est pas très bon.

「あまり～ない」は、自分（じぶん）にとって好（この）ましくないもの、事柄（ことがら）などについての表現（ひょうげん）です。

〔English〕 "amari ~ nai" is an expression that is not a preferable thing or condition for you.

〔Spanish〕 "amari ~ nai" expresión sobre algo, o alguna cosa que no es deseable para uno mismo.

〔Português brasileiro〕 "amari ~ nai" é uma expressão que se refere a assuntos ou coisas que sejam desfavoráveis ao indivíduo.

〔French〕 "amari ~ nai" est une expression utilisée pour parler de quelque chose qui n'est pas vraiment appréciée, ou d'un état non-favorable.

●基本（きほん）パターン● 〔Basic Pattern、Patrón básico、Padrão básico、Forme affirmative〕

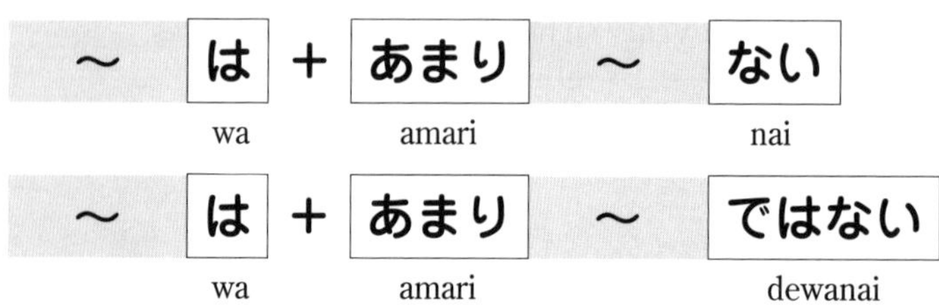

基本パターンで言ってみよう!

私は あまり 楽しくない。

Watashi wa amari tanoshikunai

〔E〕I'm not very happy.
〔S〕Yo no soy muy divertido/-a.
〔P〕Não estou me divertindo muito.
〔F〕Je ne m'amuse pas trop.

その服は あまり 良くない。

Sono huku wa amari yokunai

〔E〕The clothes are not very good.
〔S〕Esa ropa no es muy buena.
〔P〕Essas roupas não são muito boas.
〔F〕Ce vêtement n'est pas terrible.

このドラマは あまり おもしろくない。

Kono dorama wa amari omoshirokunai

〔E〕This drama isn't very interesting.
〔S〕Esta serie no es muy interesante / divertida.
〔P〕Esta novela não é muito interessante.
〔F〕Cette série n'est pas si drôle que ça.

この部屋は あまり 清潔ではない。

Kono heya wa amari seiketsu dewanai

〔E〕This room isn't very clean.
〔S〕Esta habitación no está muy limpia.
〔P〕Este quarto não está muito limpo.
〔F〕Cette pièce n'est pas si propre que ça.

私は その町を あまり 知らない。

Watashi wa sono machi wo amari shiranai

〔E〕I don't know much about the town.
〔S〕No conozco bien esa ciudad.
〔P〕Eu não conheço muito bem essa cidade.
〔F〕Je ne connais pas trop cette ville.

私は 魚が あまり 好きではない。

Watashi wa sakana ga amari suki dewanai

〔E〕I don't like fish very much.
〔S〕No me gusta mucho el pescado.
〔P〕Eu não gosto muito de peixes.
〔F〕Je n'aime pas trop le poisson.

49 それほど〜ない

Track 59

sorehodo ~ nai

〔Basic Phrase、Frase básica、Frase básica、Phrases de base〕

今日(きょう)、それほど寒(さむ)くない。

Kyou sorehodo samukunai

〔E〕It isn't so cold today.

〔S〕Hoy no hace tanto frío.

〔P〕Hoje não está tão frio.

〔F〕Il ne fait pas si froid aujourd'hui.

「それほど〜ない」は、予想(よそう)よりも少(すく)ない、低(ひく)いと感(かん)じたことなどについての表現(ひょうげん)です。

〔English〕"sorehodo ~ nai" is an expression about lower expectations.

〔Spanish〕"sorehodo ~ nai" expresión sobre algo que sentimos es menos o menor de lo que esperábamos.

〔Português brasileiro〕"sorehodo ~ nai" é uma expressão que se refere a expectativas mais baixas.

〔French〕"sorehodo ~ nai" est une expression utilisée pour exprimer que quelque chose est moins pire que ce que l'on pensait, que ce n'est pas si mal que ça.

〔Basic Pattern、Patrón básico、Padrão básico、Forme affirmative〕

基本パターンで言ってみよう!

人数は それほど 多くない。
Ninzu wa sorehodo okunai

[E] The number of people isn't as much.
[S] No hay tanta gente.
[P] O número de pessoas não é tão grande.
[F] Il n'y a pas tant de monde.

その服は それほど 高くない。
Sono huku wa sorehodo takakunai

[E] The clothes are not very expensive.
[S] Esa ropa no es tan cara.
[P] Essas roupas não são tão caras.
[F] Ce vêtement n'est pas si cher.

この薬は それほど 苦くない。
Kono kusuri wa sorehodo nigakunai

[E] This medicine isn't so bitter.
[S] Esta medicina no es tan amarga.
[P] Este remédio não é tão amargo.
[F] Ce médicament n'est pas si amer.

それほど 悪くない。
Sorehodo warukunai

[E] It isn't so bad.
[S] No es tan malo.
[P] Não é tão ruim.
[F] Ce n'est pas si mal.

それほど 遠くない。
Sorehodo tokunai

[E] It isn't so far (from here).
[S] No está tan lejos.
[P] Não é tão longe.
[F] Ce n'est pas si loin que ça.

それほど 簡単ではない。
Sorehodo kantan dewanai

[E] It isn't so easy.
[S] No es tan fácil.
[P] Não é tão fácil.
[F] Ce n'est pas si facile que ça.

50 よく～

Track 60

yoku ～

基本フレーズ

〔Basic Phrase、Frase básica、Frase básica、Phrases de base〕

私は 彼を よく 知っています。

Watashi wa kare wo yoku shitteimasu

〔E〕I know him well.　〔S〕Yo lo conozco bien (a él).

〔P〕Eu o conheço bem.　〔F〕Je le connais bien.

「よく～」は、自分の知識・理解・記憶などの程度についての表現です。

〔English〕 "yoku ~" is an expression to show the degree of your knowledge, understanding or memory.

〔Spanish〕 "yoku ~" expresión sobre el grado de comprensión, conocimiento, recuerdo, etc.

〔Português brasileiro〕 "yoku ~" é uma expressão que descreve o nível de conhecimento, compreensão ou memorização de um indivíduo.

〔French〕 "yoku ~" est utilisée pour exprimer le niveau de connaissance, de compréhension, ou l'intensité d'un souvenir propre à soi-même.

●基本パターン●

〔Basic Pattern、Patrón básico、Padrão básico、Forme affirmative〕

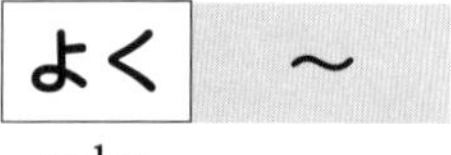

よく ～

yoku

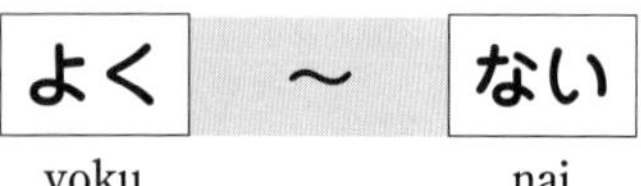

よく ～ ない

yoku nai

基本(きほん)パターンで言(い)ってみよう!

よく わかります。

Yoku wakarimasu

〔E〕I understand it well.
〔S〕Lo entiendo muy bien.
〔P〕Eu entendo bem.
〔F〕Je comprends bien.

よく 覚(おぼ)えています。

Yoku oboeteimasu

〔E〕I remember it well.
〔S〕Lo/-s / La/-s recuerdo bien.
〔P〕Eu me lembro bem.
〔F〕Je me rappelle bien.

ここから よく 見(み)えます。

Koko kara yoku miemasu

〔E〕I can see it well from here.
〔S〕Se ve bien desde aquí.
〔P〕Eu consigo ver bem daqui.
〔F〕Je vois bien d'ici.

<否定(ひてい)>

よく わからない。

Yoku wakaranai

〔E〕I don't understand it well.
〔S〕No entiendo muy bien.
〔P〕Eu não entendo bem.
〔F〕Je ne comprends pas trop.

よく 覚(おぼ)えていない。

Yoku oboeteinai

〔E〕I don't remember it well.
〔S〕No lo/-s / la/-s recuerdo bien.
〔P〕Eu não me lembro bem.
〔F〕Je ne me rappelle pas trop.

ここから よく 見(み)えない。

Koko kara yoku mienai

〔E〕I can't see it well from here.
〔S〕No se ve bien desde aquí.
〔P〕Eu não consigo ver bem daqui.
〔F〕Je ne vois pas très bien d'ici.

まったく～ない

Track 61

mattaku ～ nai

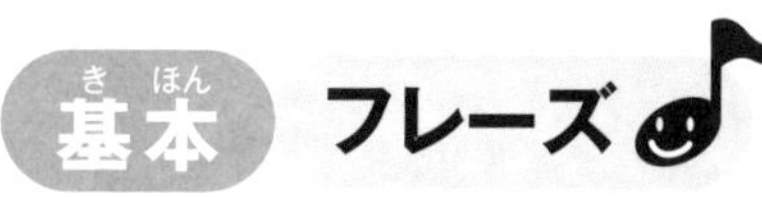

基本フレーズ〔Basic Phrase、Frase básica、Frase básica、Phrases de base〕

私は それを まったく 覚えていない。

Watashi wa sore wo mattaku oboeteinai

〔E〕I don't remember it at all.
〔S〕No recuerdo eso en absoluto.
〔P〕Eu não me lembro de nada disso.
〔F〕Je ne me rappelle pas du tout de ça.

「まったく～ない」は、ある事柄についての知識・理解・記憶などが全然ないことを伝える表現です。

〔English〕 "mattaku ~ nai" is an expression that you don't have any knowledge, understanding or memory about something.

〔Spanish〕 "mattaku ~ nai" expresión para comunicar que no se tiene conocimiento, comprensión, recuerdo, etc. de algo.

〔Português brasileiro〕 "mattaku ~ nai" é uma expressão que indica uma total falta de conhecimento, compreensão ou memória sobre algo.

〔French〕 "mattaku ~ nai" est une expression utilisée pour décrire quelque chose dont on n'a pas la moindre idée, ou que l'on ne comprend pas du tout.

●基本パターン●〔Basic Pattern、Patrón básico、Padrão básico、Forme affirmative〕

まったく	～	ない
mattaku		nai

基本パターンで言ってみよう!

まったく わからない。
Mattaku wakaranai

〔E〕I have no idea.
〔S〕No comprendo en absoluto.
〔P〕Eu não tenho a menor ideia.
〔F〕Je n'y comprends absolument rien.

まったく 知らない。
Mattaku shiranai

〔E〕I don't know anything at all.
〔S〕No sé nada de eso.
〔P〕Eu não sei de nada.
〔F〕Je n'en sais rien du tout.

まったく 聞こえない。
Mattaku kikoenai

〔E〕I can't hear anything at all.
〔S〕No oigo nada.
〔P〕Eu não consigo ouvir nada.
〔F〕Je n'entends vraiment rien.

ここから まったく 見えない。
Koko kara mattaku mienai

〔E〕I can't see anything from here at all.
〔S〕Desde aquí no se ve en absoluto.
〔P〕Eu não consigo ver nada daqui.
〔F〕Je ne vois absolument rien d'ici.

雨が まったく 降らない。
Ame ga mattaku huranai

〔E〕It doesn't rain at all.
〔S〕No llueve en absoluto.
〔P〕Não chove de jeito nenhum.
〔F〕Il ne pleut pas du tout.

このドラマは まったく おもしろくない。
Kono dorama wa mattaku omoshirokunai

〔E〕This drama isn't interesting at all.
〔S〕Esta serie no es nada interesante / divertida.
〔P〕Esta novela não é nada interessante.
〔F〕Cette série n'est vraiment pas drôle.

～させてください

Track 62

～ sasetekudasai

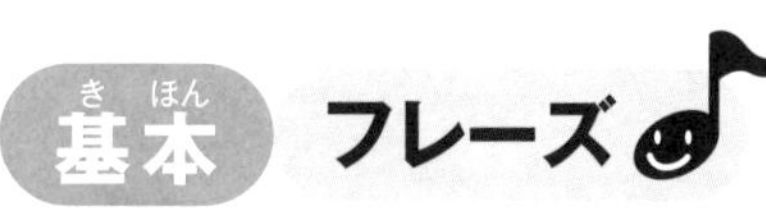

〔Basic Phrase、Frase básica、Frase básica、Phrases de base〕

私(わたし)に 説明(せつめい)させてください。

Watashi ni setsumeisasete kudasai

〔E〕 Let me explain. 〔S〕 Déjeme explicarle.

〔P〕 Deixe-me explicar. 〔F〕 Laissez-moi vous expliquer.

「～させてください」は、自分(じぶん)から何(なに)かをするとき、申(もう)し出(で)るときの表現(ひょうげん)です。

〔English〕 "～ sasetekudasai" is an expression that you are offering to do something.

〔Spanish〕 "～ sasetekudasai" expresión para ofrecerse a hacer algo.

〔Português brasileiro〕 "～ sasetekudasai" expressa uma ação pessoal ou um oferecimento para fazer algo.

〔French〕 "～ sasetekudasai" est une expression utilisée lorsque l'on propose de faire quelque chose.

●基本(きほん)パターン● 〔Basic Pattern、Patrón básico、Padrão básico、Forme affirmative〕

(私(わたし)に) + ～ させて

Watashi ni sasete

(私(わたし)に) + ～ させてください

Watashi ni sasete kudasai

基本(きほん)パターンで言(い)ってみよう!

私(わたし)に 行(い)かせてください。

Watashi ni ikasete kudasai

〔E〕Let me go.
〔S〕Déjeme ir.
〔P〕Deixe-me ir.
〔F〕Laissez-moi y aller.

私(わたし)に やらせてください。

Watashi ni yarasete kudasai

〔E〕Let me do it.
〔S〕Déjeme hacerlo.
〔P〕Deixe-me fazer isso.
〔F〕Laissez-moi le faire.

私(わたし)に 手伝(てつだ)わせてください。

Watashi ni tetsudawasete kudasai

〔E〕Let me help you.
〔S〕Déjeme ayudar.
〔P〕Deixe-me ajudá-lo/a.
〔F〕Laissez-moi vous aider.

私(わたし)に 通訳(つうやく)させてください。

Watashi ni tsuyakusasete kudasai

〔E〕Let me interpret.
〔S〕Déjeme traducir.
〔P〕Deixe-me interpretar.
〔F〕Laissez-moi traduire ça.

自己紹介(じこしょうかい)させてください。

Jiko shoukai sasete kudasai

〔E〕Let me introduce myself.
〔S〕Déjeme presentarme.
〔P〕Deixe-me apresentar-me.
〔F〕Laissez-moi me présenter.

今日(きょう)は 私(わたし)に 払(はら)わせてください。

Kyou wa watashi ni harawasete kudasai

〔E〕Let me pay the bill today.
〔S〕Déjeme pagar hoy.
〔P〕Deixe-me pagar hoje.
〔F〕Laissez-moi payer pour vous, aujourd'hui.

53 ～させます

Track 63

～ sasemasu

〔Basic Phrase、Frase básica、Frase básica、Phrases de base〕

彼女に 電話させます。

Kanojo ni denwasasemasu

〔E〕I'll have her call.

〔S〕Le (a ella) hago telefonear.

〔P〕Farei com que ela ligue para você.

〔F〕Je vais la faire téléphoner.

「～させます」は、だれかに何かをするよう指示・手配することを伝える表現です。

〔English〕 "~ sasemasu" is an expression that makes someone do something.

〔Spanish〕 "~ sasemasu" expresión para comunicar que se dan indicaciones para hacer algo a alguien.

〔Português brasileiro〕 "~ sasemasu" é uma expressão que direciona alguém a fazer ou preparar algo.

〔French〕 "~ sasemasu" est une expression utilisée lorsque l'on fait faire quelque chose à quelqu'un.

〔Basic Pattern、Patrón básico、Padrão básico、Forme affirmative〕

～ **に** ＋ ～ **させます**

ni sasemasu

基本パターンで言ってみよう!

彼に 約束させます。

Kare ni yakusokusasemasu

[E] I'll make him promise.
[S] Le (a él) hago prometer.
[P] Farei com que ele prometa.
[F] Je vais lui faire tenir sa promesse.

娘に 薬を 飲ませます。

Musume ni kusuri wo nomasemasu

[E] I'll make my daughter take the medicine.
[S] Le hago a mi hija beber la medicina.
[P] Farei com que a minha filha tome o remédio.
[F] Je vais faire boire à ma fille son médicament.

子供に 宿題を やらせます。

Kodomo ni shukudai wo yarasemasu

[E] I'll have my child do the homework.
[S] Le hago a mi hija /-o hacer los deberes.
[P] Farei com que o meu filho faça a lição de casa.
[F] Je vais faire faire aux enfants leurs devoirs.

学生に 本を 読ませます。

Gakusei ni hon wo yomasemasu

[E] I'll have our students read books.
[S] Le hago al / a los estudiante/-s leer un libro.
[P] Farei com que os alunos leiam livros.
[F] Je vais faire lire le livre aux étudiants.

彼に お酒を やめさせます。

Kare ni osake wo yamesasemasu

[E] I'll make him stop drinking.
[S] Le hago a él dejar el alcohol.
[P] Farei com que ele pare de beber.
[F] Je vais lui faire arrêter l'alcool.

弟に タバコを やめさせます。

Otouto ni tabako wo yamesasemasu

[E] I'll make my brother quit smoking.
[S] Le hago a mi hermano (menor) dejar de fumar.
[P] Farei com que o meu irmão pare de fumar.
[F] Je vais faire arrêter de fumer mon frère.

~されました

Track 64

~ saremashita

〔Basic Phrase、Frase básica、Frase básica、Phrases de base〕

彼(かれ)は 先生(せんせい)に 注意(ちゅうい)されました。

Kare wa sensei ni chui saremashita

〔E〕 He was warned by the teacher.

〔S〕 Él ha sido advertido por el profesor.

〔P〕 Ele foi advertido pelo/a professor/a.

〔F〕 Il a reçu un avertissement par son professeur.

「~されました」は、人(ひと)・生(い)き物(もの)・物事(ものごと)などから何(なに)かの行為(こうい)を受(う)けたときの表現(ひょうげん)です。

〔English〕 "~ saremashita" is an expression that something was done by a person or thing.

〔Spanish〕 "~ saremashita" expresión para un algún comportamiento recibido por parte de alguien, seres vivos, cosas, etc.

〔Português brasileiro〕 "~ saremashita" é uma expressão que indica que uma determinada ação foi feita por alguém ou algo.

〔French〕 "~ saremashita" est une expression utilisée quand quelque chose nous a été fait par une personne ou autre.

〔Basic Pattern、Patrón básico、Padrão básico、Forme affirmative〕

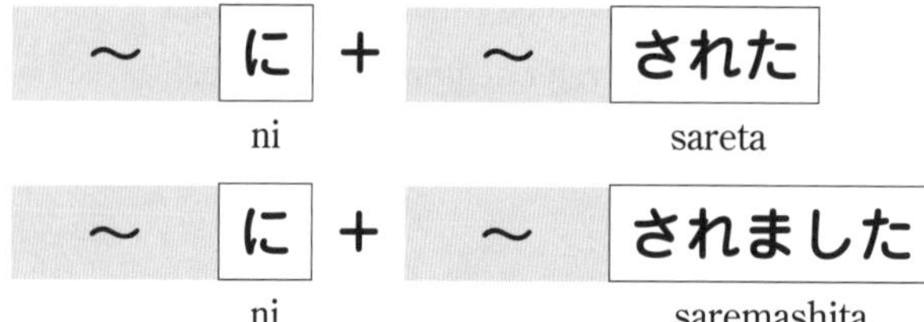

~ に + ~ された
ni sareta

~ に + ~ されました
ni saremashita

基本(きほん)パターンで言(い)ってみよう！

先生(せんせい)に 怒(おこ)られました。

Sensei ni　okoraremashita

〔E〕I was scolded by the teacher.
〔S〕El profesor / médico se ha enojado conmigo.
〔P〕Eu fui repreendido/a pelo/a professor/a.
〔F〕Je me suis fait(e) grondé(e) par la professeur.

蚊(か)に 刺(さ)されました。

Ka ni　sasaremashita

〔E〕I was bitten by a mosquito.
〔S〕He/ha/hemos/han sido picado por un mosquito.
〔P〕Eu fui picado/a por um pernilongo.
〔F〕Je me suis fait(e) piqué(e) par un moustique.

私(わたし)の写真(しゃしん)が 雑誌(ざっし)に 掲載(けいさい)された。

Watashi no shashin ga zasshi ni keisaisareta

〔E〕My photo was published in the magazine.
〔S〕Mi fotografía ha sido publicada en una revista.
〔P〕A minha foto foi publicada em uma revista.
〔F〕Mes photos ont été publiées par un magazine.

鞄(かばん)を 奪(うば)われた。

Kaban wo　ubawareta

〔E〕I was robbed of my bag.
〔S〕La bolsa me han sido robada.
〔P〕A minha bolsa foi roubada.
〔F〕On m'a pris(e) mon sac.

自転車(じてんしゃ)を 盗(ぬす)まれた。

Jitensha wo　nusumareta

〔E〕I had my bicycle stolen.
〔S〕La bicicleta me ha sido robada.
〔P〕A minha bicicleta foi roubada.
〔F〕On m'a volé(e) mon vélo.

財布(さいふ)を 盗(ぬす)まれた。

Saihu wo　nusumareta

〔E〕I had my wallet stolen.
〔S〕La billetera me ha sido robada.
〔P〕A minha carteira foi roubada.
〔F〕On m'a volé(e) mon porte-monnaie.

55 ～するつもりです

Track 65

～ surutsumoridesu

〔Basic Phrase、Frase básica、Frase básica、Phrases de base〕

来月(らいげつ)、私(わたし)は 引(ひ)っ越(こ)しするつもりです。

Raigetsu　watashi wa　hikkoshisurutsumoridesu

〔E〕I'm going to move next month.

〔S〕Tengo intención de mudarme el mes próximo.

〔P〕Eu pretendo me mudar no próximo mês.

〔F〕J'ai prévu de déménager le mois prochain.

「～するつもりです」は、将来(しょうらい)、自分(じぶん)がやろうと思(おも)っていること、やりたいことなどを伝(つた)える表現(ひょうげん)です。

〔English〕"～ surutsumoridesu" is an expression to tell what you are going to do or want to do in the future.

〔Spanish〕"～ surutsumoridesu" expresión para comunicar algo que se quiere o piensa hacer en el futuro.

〔Português brasileiro〕"～ surutsumoridesu" é usada para transmitir o que pretende fazer ou deseja fazer no futuro.

〔French〕"～ surutsumoridesu" est une expression utilisée pour parler de quelque chose que l'on a prévu de faire, ou que l'on aimerait réaliser, à l'avenir.

●基本(きほん)パターン●

〔Basic Pattern、Patrón básico、Padrão básico、Forme affirmative〕

～ は + ～ （する）つもりだ
wa　（suru）tsumorida

～ は + ～ （する）つもりです
wa　（suru）tsumoridesu

基本(きほん)パターンで言(い)ってみよう!

午後(ごご)、散歩(さんぽ)するつもりです。

Gogo sanposurutsumoridesu

〔E〕I'm going to take a walk in the afternoon.
〔S〕Tengo intención de dar un paseo por la tarde.
〔P〕Eu pretendo fazer uma caminhada à tarde.
〔F〕J'ai prévu d'aller marcher, cet après-midi.

彼(かれ)と 食事(しょくじ)するつもりです。

Kare to shokujisurutsumoridesu

〔E〕I'm going to have dinner with him.
〔S〕Tengo intención de comer con él.
〔P〕Eu pretendo jantar com ele.
〔F〕Je suis censé manger avec lui.

彼(かれ)は 新車(しんしゃ)を 買(か)うつもりです。

Kare wa shinsha wo kautsumoridesu

〔E〕He's going to buy a new car.
〔S〕Él tiene intención de comprar un carro nuevo.
〔P〕Ele pretende comprar um carro novo.
〔F〕Il a prévu d'acheter une nouvelle voiture.

来週(らいしゅう)、京都(きょうと)に 行(い)くつもりです。

Raishu kyoto ni ikutsumoridesu

〔E〕I'm going to go to Kyoto next week.
〔S〕Tengo intención de ir a Kyoto la semana próxima.
〔P〕Eu pretendo ir para Quioto na próxima semana.
〔F〕Je suis censé aller à Kyoto la semaine prochaine.

来月(らいげつ)、旅行(りょこう)するつもりです。

Raigetsu ryokousurutsumoridesu

〔E〕I'm going to travel next month.
〔S〕Tengo intención de viajar el próximo mes.
〔P〕Eu pretendo viajar no próximo mês.
〔F〕J'ai prévu de voyager le mois prochain.

日本(にほん)で 就職(しゅうしょく)するつもりです。

Nihon de shushokusurutsumoridesu

〔E〕I'm going to get a job in Japan.
〔S〕Tengo intención de encontrar trabajo en Japón.
〔P〕Eu pretendo trabalhar no Japão.
〔F〕Je compte bien travailler au Japon.

～が得意(とくい)です、～が苦手(にがて)です

Track 66

～ ga tokuidesu, ～ ga nigatedesu

基本(きほん)フレーズ〔Basic Phrase、Frase básica、Frase básica、Phrases de base〕

私(わたし)は スポーツが 得意(とくい)です。

Watashi wa supotsu ga tokui desu

〔E〕I'm good at sports.
〔S〕Se me dan bien los deportes.
〔P〕Eu sou bom em esportes.
〔F〕Je suis doué(e) en sport.

「～が得意(とくい)です」は自分(じぶん)が上手(じょうず)にできること、「～が苦手(にがて)です」はうまくできないこと、好(す)きではないことなどについての表現(ひょうげん)です。

〔English〕	"～ ga tokuidesu" is an expression to tell what you are good at. "～ ga nigatedesu" is an expression about what you are not good at or you don't like.
〔Spanish〕	"～ ga tokuidesu" expresión para decir que se nos da bien algo, "～ ga nigatedesu" expresión para decir que se nos da mal o no nos gusta algo.
〔Português brasileiro〕	"～ ga tokuidesu" se refere ao que se consegue fazer bem. "～ ga nigatedesu" se refere ao que não se consegue fazer bem ou não gosta.
〔French〕	"～ ga tokuidesu" est une expression utilisée pour parler de choses pour lesquelles on est doué, alors que . "～ ga nigatedesu" indique, à l'inverse, quelque chose qui n'est pas notre fort, ou que l'on n'aime pas.

●基本(きほん)パターン●〔Basic Pattern、Patrón básico、Padrão básico、Forme affirmative〕

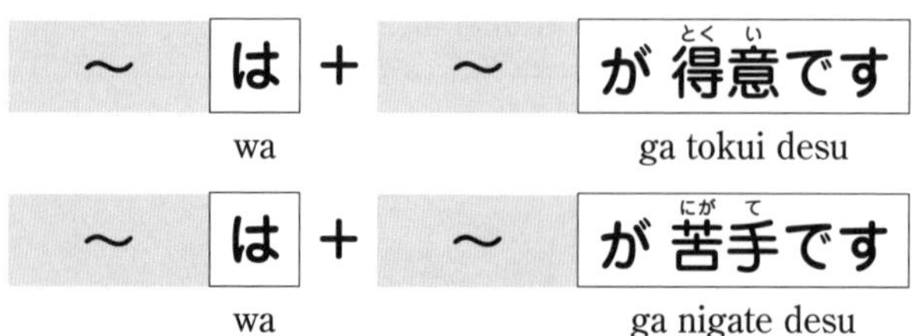

～ は + ～ が 得意(とくい)です
wa　ga tokui desu

～ は + ～ が 苦手(にがて)です
wa　ga nigate desu

基本パターンで言ってみよう!

私は 英語が 得意です。
Watashi wa eigo ga tokui desu

〔E〕I'm good at English.
〔S〕Se me da bien el inglés.
〔P〕Eu sou bom em inglês.
〔F〕Je suis fort(e) en anglais.

彼は 水泳が 得意です。
Kare wa suiei ga tokui desu

〔E〕He is good at swimming.
〔S〕A él se le da bien nadar.
〔P〕Ele é bom em natação.
〔F〕Il est doué en natation.

彼女は 料理が 得意です。
Kanojo wa ryouri ga tokui desu

〔E〕She is good at cooking.
〔S〕A ella se le da bien cocinar.
〔P〕Ela é boa em culinária.
〔F〕Elle est douée pour cuisiner.

私は 辛い物が 苦手です。
Watashi wa karai mono ga nigate desu

〔E〕I don't like spicy food.
〔S〕No me gusta nada el pique.
〔P〕Eu não gosto muito de comida apimentada.
〔F〕Je n'aime pas trop la nourriture épicée.

私は 漢字が 苦手です。
Watashi wa kanji ga nigate desu

〔E〕I'm not good at *kanji*.
〔S〕Se me dan mal los *kanji*.
〔P〕Eu não sou bom em *kanji*.
〔F〕J'ai du mal avec les *kanjis*.

私は 納豆が 苦手です。
Watashi wa nattou ga nigate desu

〔E〕I don't like *natto*.
〔S〕No me gusta nada el *natto*.
〔P〕Eu não gosto muito de *natto*.
〔F〕J'ai du mal avec le *natto*.

～しそうです

Track 67

～ shisoudesu

〔Basic Phrase、Frase básica、Frase básica、Phrases de base〕

もうすぐ 雨が 降りそうです。

Mousugu ame ga hurisoudesu

〔E〕 It seems that it'll rain soon.
〔S〕 Ya mismo está para llover.
〔P〕 Parece que vai chover em breve.
〔F〕 Il devrait bientôt pleuvoir.

「～しそうです」は、まもなく何かが始まったり、ある状態になりそうなときの表現です。

〔English〕 "～ shisoudesu" is an expression that something is about happen or a condition.

〔Spanish〕 "～ shisoudesu" expresión para cuando algo parece estar por cambiar o empezar.

〔Português brasileiro〕 "～ shisoudesu" indica que algo está prestes a começar ou a atingir um determinado estado.

〔French〕 "～ shisoudesu" est une expression utilisée pour parler d'une action qui est sur le point de se produire, ou d'une situation qui va se dérouler d'ici peu.

〔Basic Pattern、Patrón básico、Padrão básico、Forme affirmative〕

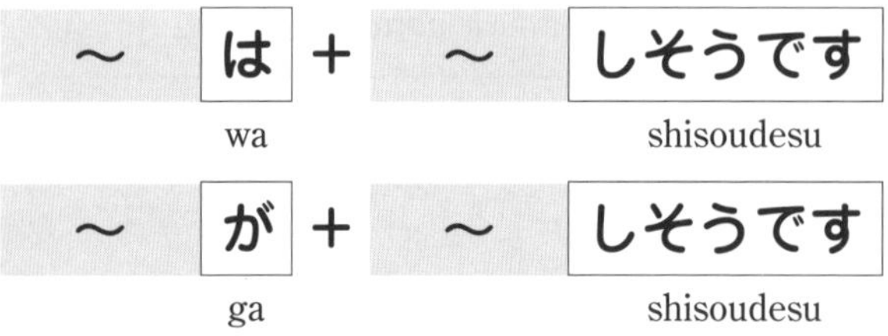

基本(きほん)パターンで言(い)ってみよう!

そろそろ 雨(あめ)が やみそうです。
Sorosoro ame ga yamisoudesu

〔E〕It seems that the rain will stop soon.
〔S〕En breve parece que amainará.
〔P〕Parece que a chuva vai parar em breve.
〔F〕La pluie devrait bientôt s'arrêter.

バスが 出発(しゅっぱつ)しそうです。
Basu ga shuppatsushisoudesu

〔E〕The bus is about to depart.
〔S〕El bus está por salir.
〔P〕O ônibus está prestes a partir.
〔F〕Le bus devrait bientôt partir.

この時計(とけい)は 壊(こわ)れそうです。
Kono tokei wa kowaresoudesu

〔E〕This watch is about to be broken.
〔S〕Este reloj está por romperse.
〔P〕Este relógio está prestes a quebrar.
〔F〕Cette montre devrait arrêter de marcher.

レポートが 完成(かんせい)しそうです。
Repoto ga kanseishisoudesu

〔E〕The report is about to be completed.
〔S〕Estoy por completar el informe.
〔P〕O relatório está prestes a ser concluído.
〔F〕Le rapport devrait être bientôt terminé.

スマホの 充電(じゅうでん)が 切(き)れそうです。
Sumaho no juden ga kiresoudesu

〔E〕The charge of the smartphone seems to have run out.
〔S〕La batería del móvil está casi agotada.
〔P〕A bateria do celular está prestes a acabar.
〔F〕La batterie de mon téléphone va bientôt lâcher.

疲(つか)れて 病気(びょうき)に なりそうです。
Tsukarete byouki ni narisoudesu

〔E〕I'm tired and feel sick.
〔S〕Estoy a punto de enfermar de cansancio.
〔P〕Estou cansado/a e prestes a ficar doente.
〔F〕Je suis tellement fatigué(e) que je risque de tomber malade.

～をどうぞ

Track 68

～ wo douzo

〔Basic Phrase、Frase básica、Frase básica、Phrases de base〕

お茶を どうぞ。

Ocha wo douzo

〔E〕Please have a cup of tea.
〔S〕Tenga un poco de té.
〔P〕Por favor, sirva-se de uma xícara de chá.
〔F〕Tenez, du thé.

「～をどうぞ」は、お客様に何かをすすめたり、あいさつするときなどの表現です。

〔English〕 "~ wo douzo" is an expression that suggests something to the visitor or customer.

〔Spanish〕 "~ wo douzo" expresión para sugerir algo o saludar a un invitado.

〔Português brasileiro〕 "~ wo douzo" é usada para recomendar algo ao visitante ou cumprimentá-lo.

〔French〕 "~ wo douzo" est une expression utilisée pour faire une recommandation à des invitées, ou pour des salutations polies.

●基本パターン● 〔Basic Pattern、Patrón básico、Padrão básico、Forme affirmative〕

～ をどうぞ

wo douzo

どうぞ ～

Douzo

基本(きほん)パターンで言(い)ってみよう!

お菓子(かし)を どうぞ。
Okashi wo douzo

〔E〕Sweets, please.
〔S〕Tenga unos dulces.
〔P〕Por favor, sirva-se de alguns doces.
〔F〕Prenez ces gâteaux.

おつまみを どうぞ。
Otsumami wo douzo

〔E〕Snacks, please.
〔S〕Tenga unos snacks.
〔P〕Por favor, sirva-se de alguns petiscos.
〔F〕Servez-vous, prenez ces pickles.

おしぼりを どうぞ。
Oshibori wo douzo

〔E〕A hand towel, please.
〔S〕Tenga una toalla húmeda.
〔P〕Por favor, pegue uma toalha de mão.
〔F〕Voici votre serviette.

＜どうぞ～＞

どうぞ よろしく。
Douzo yoroshiku

〔E〕Nice to meet you.
〔S〕Encantado.
〔P〕Prazer em conhecê-lo/a.
〔F〕Je compte sur vous.

どうぞ ごゆっくり。
Douzo goyukkuri

〔E〕Please take your time.
〔S〕Tómese su tiempo.
〔P〕Por favor, sinta-se em casa.
〔F〕Prenez votre temps.

どうぞ ご遠慮(えんりょ)なく。
Douzo goenryonaku

〔E〕Please, don't be nervous.
〔S〕Por favor, sin reservas.
〔P〕Por favor, fique à vontade.
〔F〕Ne soyez pas dans la retenue.

59 どうぞ〜してください

Track 69

Douzo ~ shitekudasai

〔Basic Phrase、Frase básica、Frase básica、Phrases de base〕

どうぞ 食(た)べてください。

Douzo tabete kudasai

〔E〕Please eat.
〔S〕Come por favor.
〔P〕Por favor, sirva-se.
〔F〕Mangez sans retenue.

「どうぞ〜してください」は、相手(あいて)に何(なに)かを促(うなが)したり、お客様(きゃくさま)に応対(おうたい)するときなどの表現(ひょうげん)です。

〔English〕 "Douzo ~ shitekudasai" is an expression that suggests something to a person or visitor.

〔Spanish〕 "Douzo ~ shitekudasai" expresión para urgir a hacer algo a alguien o tratar a un invitado.

〔Português brasileiro〕 "Douzo ~ shitekudasai" é usada para sugerir algo a alguém ou para lidar com visitantes.

〔French〕 "Douzo ~ shitekudasai" est une expression utilisée pour s'adresser poliment à un(e) invité(e) lorsque l'on lui donne des indications.

〔Basic Pattern、Patrón básico、Padrão básico、Forme affirmative〕

Douzo (shite) kudasai

基本(きほん)パターンで言(い)ってみよう!

どうぞ お召(め)し上(あ)がりください。
Douzo omeshiagari kudasai

〔E〕Please help yourself to the dishes.
〔S〕Coma por favor.
〔P〕Por favor, desfrute da sua refeição.
〔F〕Je vous en prie, mangez.

どうぞ お飲(の)みください。
Douzo onomi kudasai

〔E〕Please drink.
〔S〕Beba por favor.
〔P〕Por favor, sirva-se das bebidas.
〔F〕Buvez, je vous en prie.

どうぞ ご覧(らん)ください。
Douzo goran kudasai

〔E〕Please take a look.
〔S〕Mire por favor.
〔P〕Por favor, sinta-se à vontade para ver.
〔F〕Veuillez regarder ceci.

どうぞ お取(と)りください。
Douzo otori kudasai

〔E〕Please take it.
〔S〕Tómelo por favor.
〔P〕Por favor, fique à vontade para pegar.
〔F〕Prenez-ceci.

どうぞ お上(あ)がりください。
Douzo oagari kudasai

〔E〕Please come in.
〔S〕Entre por favor.
〔P〕Por favor, entre.
〔F〕Veuillez entrer.

どうぞ お座(すわ)りください。
Douzo osuwari kudasai

〔E〕Please sit down.
〔S〕Siéntese por favor.
〔P〕Por favor, sente-se.
〔F〕Veuillez-vous asseoir.

どうも～

Track 70

Doumo ～

〔Basic Phrase、Frase básica、Frase básica、Phrases de base〕

どうも ありがとうございます。

Doumo arigatou gozaimasu

〔E〕Thank you very much. 〔S〕Muchas gracias.

〔P〕Muito obrigado/a. 〔F〕Merci beaucoup.

「どうも～」は、はっきり言葉にできないような感情や状態を表し、いろいろな場面で使われます。

〔English〕 "Doumo ~" is an expression that cannot explain exactly what to say or express in a word in many circumstances.

〔Spanish〕 "Doumo ~" se usa en muchas situaciones cuando no se puede expresar con palabras claramente un sentimiento o situación.

〔Português brasileiro〕 "Doumo ~" é usada em várias situações para expor uma emoção ou um estado em que não se pode expressar claramente em palavras.

〔French〕 "Doumo ~" est une expression utilisée dans de nombreuses situations afin d'exprimer certaines émotions ou situations, vaguement.

〔Basic Pattern、Patrón básico、Padrão básico、Forme affirmative〕

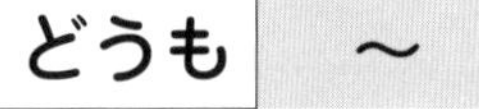

Doumo

Doumo nai

基本パターンで言ってみよう!

どうも すみません。

Doumo sumimasen

〔E〕I'm so sorry.
〔S〕Mil perdones.
〔P〕Desculpe-me.
〔F〕Désolé pour tout.

どうも 失礼しました。

Doumo shitsurei shimashita

〔E〕I'm sorry about that.
〔S〕Mil disculpas.
〔P〕Eu sinto muito.
〔F〕Désolé pour le dérangement.

どうも ご苦労様です。

Doumo gokurousama desu

〔E〕Thank you for your trouble.
〔S〕Muy buen trabajo.
〔P〕Muito obrigado/a pelo seu trabalho.
〔F〕Merci pour votre travail.

<どうも〜ない>

どうも 申し訳ない。

Doumo moushiwakenai

〔E〕I'm very sorry.
〔S〕Lo lamento mucho.
〔P〕Eu lamento muito.
〔F〕Sincèrement désolé.

どうも すっきり しない。

Doumo sukkiri shinai

〔E〕I don't feel fine for some reason.
〔S〕Por alguna razón no me siento bien.
〔P〕Não me sinto disposto/a.
〔F〕Ce n'est pas vraiment clair.

どうも やる気が 出ない。

Doumo yaruki ga denai

〔E〕I don't feel motivated.
〔S〕Por alguna razón no tengo ganas.
〔P〕Não me sinto motivado/a.
〔F〕Je n'ai pas vraiment de motivation.

61 とても〜

Track 71

totemo ~

〔Basic Phrase、Frase básica、Frase básica、Phrases de base〕

これは とても おいしい。

Kore wa totemo oishii

〔E〕This is very good.　〔S〕Esto está muy rico.

〔P〕Isto é muito gostoso.　〔F〕C'est très bon.

「とても〜」は、あとに続く言葉を良い意味で強調するとき、また、あとに続く否定文を強調するときなどに使われます。

〔English〕	"totemo ~" is an expression to emphasize the following word in a positive way. Also, emphasize the negative.
〔Spanish〕	"totemo ~" expresión para enfatizar un término con un significado positivo o la expresión en negativo a continuación.
〔Português brasileiro〕	"totemo ~" é usada para enfatizar tanto a palavra que se segue em um sentido positivo quanto uma frase negativa que se segue.
〔French〕	"totemo ~" est une expression utilisée pour accentuer le mot suivant, aussi bien en forme positive qu'en négative.

〔Basic Pattern、Patrón básico、Padrão básico、Forme affirmative〕

とても 〜
totemo

とても 〜 ない
totemo　nai

基本パターンで言ってみよう!

この部屋は とても 広い。

Kono heya wa　totemo　hiroi

〔E〕This room is quite spacious.
〔S〕Esta habitación es muy amplia.
〔P〕Este quarto é bem espaçoso.
〔F〕Cette pièce est très spacieuse.

景色が とても すばらしかった。

Keshiki ga　totemo　subarashikatta

〔E〕The scenery was very splendid.
〔S〕El paisaje era absolutamente fantástico.
〔P〕A paisagem era muito bonita.
〔F〕La vue est très belle.

あのホテルは とても 良かった。

Ano hoteru wa　totemo　yokatta

〔E〕That hotel was very good.
〔S〕Aquel hotel era muy bueno.
〔P〕Aquele hotel era muito bom.
〔F〕Cet hôtel était très bien.

彼に とても 感謝しています。

Kare ni　totemo　kansha shiteimasu

〔E〕I really appreciate him.
〔S〕Le (a él) estoy muy agradecido.
〔P〕Eu sou muito grato/a a ele.
〔F〕Je lui en suis très reconnaissant.

<とても～ない>

彼には とても かなわない。

Kare niwa　totemo　kanawanai

〔E〕I'm no match for him.
〔S〕No soy rival para él en absoluto.
〔P〕Eu não sou páreo para ele.
〔F〕Je ne pourrais jamais assez le remercier.

こんなに たくさん、
とても 食べきれない。

Konnani　takusan　totemo　tabekirenai

〔E〕I can't eat so much.
〔S〕Es tanto que no puedo terminar de comérmelo.
〔P〕Eu não consigo comer tanto.
〔F〕Je ne pourrais jamais en manger autant.

また～

Track 72

mata ～

〔Basic Phrase、Frase básica、Frase básica、Phrases de base〕

また会(あ)いましょう。

Mata aimashou

〔E〕See you again.
〔S〕Veámonos de nuevo.
〔P〕Vamos nos encontrar novamente.
〔F〕On se revoit la prochaine fois.

「また～」は、再(ふたた)び何(なに)かをしようと話(はな)すときの表現(ひょうげん)です。

〔English〕	"mata ~" is an expression that tells someone to do something again.
〔Spanish〕	"mata ~" expresión para decir a alguien que haga algo otra vez.
〔Português brasileiro〕	"mata ~" indica a intenção de fazer algo novamente.
〔French〕	"mata ~" est une expression utilisée pour parler d'une chose à refaire.

●基本(きほん)パターン● 〔Basic Pattern、Patrón básico、Padrão básico、Forme affirmative〕

また ～ する
mata suru

また ～ します
mata shimasu

また ～ しましょう
mata shimashou

また ～ してください
mata shitekudasai

基本パターンで言ってみよう!

また 来ます。
Mata kimasu

〔E〕I'll come again.
〔S〕Vengo de nuevo.
〔P〕Voltarei novamente.
〔F〕Je reviendrais.

また 電話します。
Mata denwa shimasu

〔E〕I'll call you again.
〔S〕Llamo de nuevo.
〔P〕Ligarei para você novamente.
〔F〕Je te téléphonerais de nouveau.

また 食事を しましょう。
Mata shokuji wo shimashou

〔E〕Let's go out for a meal again.
〔S〕Comamos de nuevo.
〔P〕Vamos sair para comer novamente.
〔F〕Faut qu'on se refasse un repas.

また お酒を 飲みましょう。
Mata osake wo nomimashou

〔E〕Let's go drinking again.
〔S〕Bebamos / Tomemos de nuevo.
〔P〕Vamos beber de novo.
〔F〕Faut qu'on aille boire de nouveau.

また 来てくださいね。
Mata kite kudasaine

〔E〕Please come again.
〔S〕Ven otra vez.
〔P〕Por favor, venha novamente.
〔F〕N'hésitez pas à revenir.

また 電話してくださいね。
Mata denwashite kudasaine

〔E〕Please call me again.
〔S〕Llámame de nuevo.
〔P〕Por favor, me ligue novamente.
〔F〕N'hésitez pas à me téléphoner de nouveau.

63 たぶん〜

Track 73

tabun 〜

基本(きほん)フレーズ 〔Basic Phrase、Frase básica、Frase básica、Phrases de base〕

彼(かれ)は たぶん 来(く)るでしょう。

Kare wa tabun kuru deshou

〔E〕 He'll probably come.　〔S〕 Él quizás venga.

〔P〕 Talvez ele venha.　〔F〕 Il va certainement venir.

「たぶん〜」は、話(はな)し手(て)の予想(よそう)、推測(すいそく)、想像(そうぞう)などを述(の)べるときの表現(ひょうげん)です。

〔English〕 "tabun ~" is an expression in which the speaker explains their thoughts and expectations.

〔Spanish〕 "tabun ~" expresión para comunicar pensamientos, conjeturas, predicciones, etc. por parte del hablante.

〔Português brasileiro〕 "tabun ~" é usada para indicar expectativas, suposições ou concepções de um locutor.

〔French〕 "tabun ~" est une expression utilisée pour exprimer la possibilité d'une action, ou ce qu'en pense le sujet.

●基本(きほん)パターン● 〔Basic Pattern、Patrón básico、Padrão básico、Forme affirmative〕

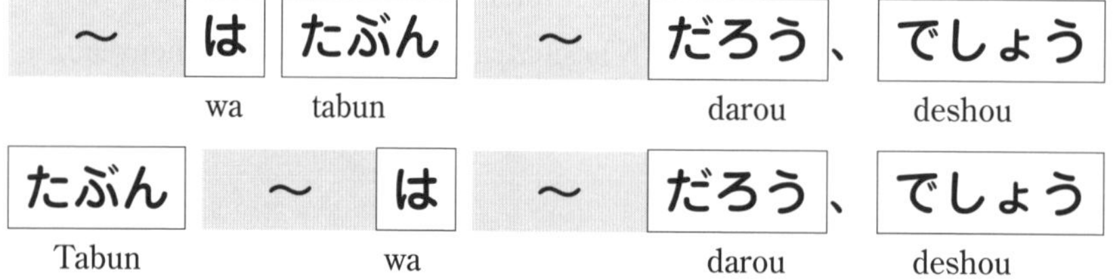

基本(きほん)パターンで言(い)ってみよう!

たぶん 彼(かれ)は 会社(かいしゃ)に いるだろう。
Tabun kare wa kaisha ni iru darou

〔E〕Maybe he'll be in the company.
〔S〕Él quizás esté en la empresa.
〔P〕Talvez ele esteja na empresa.
〔F〕Je crois qu'il est à la compagnie.

たぶん 彼女(かのじょ)は 合格(ごうかく)するでしょう。
Tabun kanojo wa goukakusuru deshou

〔E〕Maybe she'll pass the test.
〔S〕Ella quizás apruebe.
〔P〕Talvez ela passe no teste.
〔F〕Je crois qu'elle va réussir.

たぶん 彼(かれ)は 来(こ)ないでしょう。
Tabun kare wa konai deshou

〔E〕Maybe he won't come.
〔S〕Él quizás no venga.
〔P〕Talvez ele não venha.
〔F〕Je crois qu'il ne va pas venir.

たぶん 風邪(かぜ)を ひいた と思(おも)います。
Tabun kaze wo hiita to omoimasu

〔E〕I probably caught a cold.
〔S〕Creo que quizás esté resfriado.
〔P〕Talvez eu tenha pegado um resfriado.
〔F〕Je crois que j'ai attrapé la crève.

明日(あした)、たぶん 晴(は)れるでしょう。
Ashita tabun hareru deshou

〔E〕It'll probably be sunny tomorrow.
〔S〕Mañana quizás esté despejado.
〔P〕Talvez amanhã faça sol.
〔F〕Il fera certainement beau demain.

明日(あした)、たぶん 雨(あめ)が 降(ふ)るでしょう。
Ashita tabun ame ga huru deshou

〔E〕It'll probably rain tomorrow.
〔S〕Mañana quizás llueva.
〔P〕Talvez amanhã chova.
〔F〕Il va certainement pleuvoir demain.

64 きっと～

Track 74

kitto ～

基本フレーズ〔Basic Phrase、Frase básica、Frase básica、Phrases de base〕

彼は きっと 来ますよ。

Kare wa kitto kimasuyo

〔E〕I'm sure he'll come. 〔S〕Él seguramente vendrá.
〔P〕Com certeza ele virá. 〔F〕Je suis sûr(e) qu'il va venir.

「きっと～」は、話し手の強い願望、要望、決意、確信などを述べるときの表現です。

〔English〕 "kitto ～" is an expression that the speaker talks about their strong hopes, certainties or decisions.

〔Spanish〕 "kitto ～" expresión para comunicar esperanzas, ambiciones, determinación, etc. por parte del hablante.

〔Português brasileiro〕 "kitto ～" é usada para manifestar o forte desejo, vontade, determinação ou convicção do locutor.

〔French〕 "kitto ～" est une expression utilisée pour parler d'espoir, certitudes, et décisions prises par l'interlocuteur.

●基本パターン●〔Basic Pattern、Patrón básico、Padrão básico、Forme affirmative〕

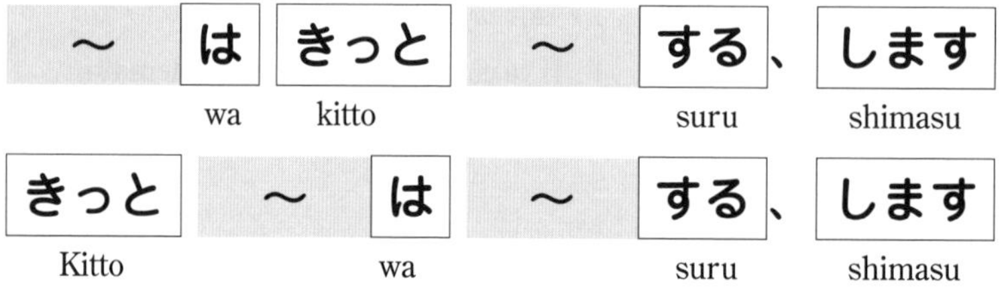

～ は きっと ～ する、します
wa kitto suru shimasu

きっと ～ は ～ する、します
Kitto wa suru shimasu

基本(きほん)パターンで言(い)ってみよう!

彼女(かのじょ)は きっと 合格(ごうかく)しますよ。

Kanojo wa kitto goukakushimasuyo

〔E〕I'm sure she'll pass the test.
〔S〕Ella seguramente apruebe.
〔P〕Tenho a certeza de que ela vai passar.
〔F〕Je suis sûr(e) qu'elle va réussir.

彼女(かのじょ)は きっと 無事(ぶじ)ですよ。

Kanojo wa kitto buji desuyo

〔E〕I'm sure she'll be safe.
〔S〕Ella seguramente estará bien.
〔P〕Tenho a certeza de que ela está segura.
〔F〕Je suis sûr(e) qu'elle va bien.

彼(かれ)は きっと 大丈夫(だいじょうぶ)ですよ。

Kare wa kitto daijoubu desuyo

〔E〕I'm sure he'll be all right.
〔S〕A él seguramente no le importará.
〔P〕Tenho a certeza de que ele está bem.
〔F〕C'est sûr qu'il aille bien.

きっと 見(み)つかるよ。

Kitto mitsukaruyo

〔E〕I'm sure you'll find it.
〔S〕Seguramente lo encontrarás /-é / -emos.
〔P〕Tenho a certeza de que você vai encontrar.
〔F〕C'est obligé qu'on le retrouve.

きっと 戻(もど)ってきますよ。

Kitto modotte kimasuyo

〔E〕I'm sure it'll be returned.
〔S〕Seguramente será retornado.
〔P〕Tenho a certeza de que isso retornará.
〔F〕C'est sûr qu'il va refaire surface.

きっと いいことが ありますよ。

Kitto iikoto ga arimasuyo

〔E〕I'm sure something good will happen.
〔S〕Seguramente habrá algo bueno.
〔P〕Tenho a certeza de que algo bom está por vir.
〔F〕C'est sûr que de bonnes choses sont en chemin.

念（ねん）のために～

Track 75

nennotameni ～

〔Basic Phrase、Frase básica、Frase básica、Phrases de base〕

念（ねん）のために 確認（かくにん）してください。

Nennotameni kakunin shitekudasai

〔E〕Please check it just in case.　〔S〕Por si acaso confírmalo.

〔P〕Verifique por precaução.　〔F〕Veuillez vérifier ça, au cas où.

「念（ねん）のために～」は、大事（だいじ）なことを伝（つた）えたり、何（なに）かトラブルを避（さ）けたいときなどに使（つか）われます。

〔English〕	"nennotameni ~" is used to tell something important or attempt to avoid trouble.
〔Spanish〕	"nennotameni ~" se usa para evitar algún problema o comunicar algo importante.
〔Português brasileiro〕	"nennotameni ~" é usada para transmitir algo importante ou para evitar algum problema.
〔French〕	"nennotameni ~" est une expression utilisée pour parler d'une chose importante à faire, afin d'éviter des ennuis possibles.

〔Basic Pattern、Patrón básico、Padrão básico、Forme affirmative〕

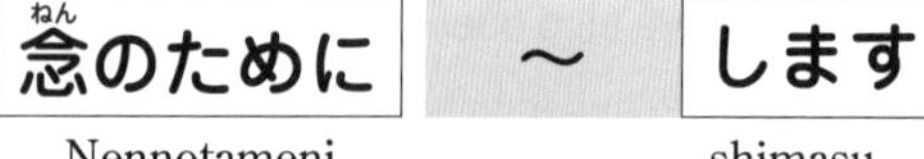

Nennotameni　shimasu

念（ねん）のために　～　しよう、しましょう

Nennotameni　shiyou　shimashou

念（ねん）のために　～　してください

Nennotameni　shitekudasai

基本(きほん)パターンで言(い)ってみよう!

念(ねん)のために アドレスを 教(おし)えます。

Nennotameni adoresu wo oshiemasu

〔E〕I'll give you the address just in case.
〔S〕Por si acaso digo la dirección.
〔P〕Por via das dúvidas, vou passar o meu endereço.
〔F〕Je vous donne mon adresse, au cas où.

念(ねん)のために 電話番号(でんわばんごう)を 伝(つた)えます。

Nennotameni denwa bangou wo tsutaemasu

〔E〕I'll tell the phone number just in case.
〔S〕Por si acaso digo el Nº. de teléfono.
〔P〕Por via das dúvidas, vou deixar o número do meu telefone.
〔F〕Je vous donne mon numéro de téléphone, au cas où.

念(ねん)のために コピーを 取(と)ります。

Nennotameni kopi wo torimasu

〔E〕I'll take a copy just in case.
〔S〕Por si acaso hago una copia.
〔P〕Vou tirar uma cópia por precaução.
〔F〕Je vais faire des copies, au cas où.

念(ねん)のために 彼(かれ)に 電話(でんわ)します。

Nennotameni kare ni denwa shimasu

〔E〕I'll call him just in case.
〔S〕Por si acaso lo llamo (a él) por teléfono.
〔P〕Por via das dúvidas, vou ligar para ele.
〔F〕Je vais lui téléphoner, au cas où.

念(ねん)のために 傘(かさ)を 持(も)って行(い)こう。

Nennotameni kasa wo motte ikou

〔E〕I'll take an umbrella just in case.
〔S〕Por si acaso me llevaré el paraguas.
〔P〕Vou levar um guarda-chuva por precaução.
〔F〕Je vais prendre un parapluie, au cas où.

念(ねん)のために 多(おお)めに 買(か)っておこう。

Nennotameni omeni katte okou

〔E〕I'll buy a lot just in case.
〔S〕Por si acaso compraré muchos.
〔P〕Por via das dúvidas, vou comprar mais.
〔F〕Je vais en acheter un peu plus, au cas où.

～しないで（ください）

Track 76

～ shinaide (kudasai)

〔Basic Phrase、Frase básica、Frase básica、Phrases de base〕

ここに ゴミを 捨て（す）ないで。

Koko ni gomi wo sutenaide

〔E〕(Please) don't throw away garbage here.
〔S〕No tires la basura aquí.
〔P〕Não jogue lixo aqui.
〔F〕Ne jetez pas vos ordures ici.

「～しないで（ください）」は、ある行為（こうい）を相手（あいて）にしてほしくないときの表現（ひょうげん）です。

〔English〕 "~ shinaide (kudasai)" is an expression that tells a person not to do a specific activity.

〔Spanish〕 "~ shinaide (kudasai)" expresión para decirle a alguien que no queremos que haga algo.

〔Português brasileiro〕 "~ shinaide (kudasai) " é usada quando não se quer que alguém faça uma determinada ação.

〔French〕 "~ shinaide (kudasai)" est une expression utilisée pour dire à quelqu'un que l'on ne veut pas qu'il fasse une action en particulier.

〔Basic Pattern、Patrón básico、Padrão básico、Forme affirmative〕

～ しないで

shinaide

～ しないで ください

shinaide kudasai

基本パターンで言ってみよう!

ここで 騒がないで。
Koko de sawaganaide

〔E〕(Please) don't be noisy here.
〔S〕No hagas ruido aquí.
〔P〕Não faça barulho aqui.
〔F〕Ne faites pas de bruit ici.

ここに 車を 停めないで。
Koko ni kuruma wo tomenaide

〔E〕(Please) don't park your car here.
〔S〕No estaciones el carro aquí.
〔P〕Não estacione o seu carro aqui.
〔F〕Ne garez pas votre voiture ici.

ここで タバコを 吸わないで。
Koko de tabako wo suwanaide

〔E〕(Please) don't smoke here.
〔S〕No fumes aquí.
〔P〕Não fume aqui.
〔F〕Ne fumez pas ici.

商品に 触らないでください。
Shouhin ni sawaranaide kudasai

〔E〕(Please) don't touch the products.
〔S〕No toque los productos por favor.
〔P〕Não toque nos produtos.
〔F〕Ne touchez pas le produit.

写真を 撮らないでください。
Shashin wo toranaide kudasai

〔E〕(Please) don't take photos (here).
〔S〕No tome fotos por favor.
〔P〕Não tire fotos.
〔F〕Ne prenez pas de photos.

芝生に 入らないでください。
Shibahu ni hairanaide kudasai

〔E〕(Please) keep off the grass.
〔S〕No pise el cesped por favor.
〔P〕Não pise no gramado.
〔F〕Ne marchez pas sur la pelouse.

67 ～してはいけません

Track 77

～ shitewa ikemasen

フレーズ〔Basic Phrase、Frase básica、Frase básica、Phrases de base〕

ゴミを 捨てては いけません。

Gomi wo sutetewa ikemasen

〔E〕You must not throw away the garbage.
〔S〕No se puede botar basura aquí.
〔P〕Não é permitido jogar o lixo no chão.
〔F〕Il est interdit de jeter ses déchets.

「～してはいけない」「～してはいけません」は、ある行為を禁止する表現です。

〔English〕 "～ shitewa ikenai" "～ shitewa ikemasen" is an expression to inhibit a specific activity.

〔Spanish〕 "～ shitewa ikenai" "～ shitewa ikemasen" expresión para prohibir algún comportamiento.

〔Português brasileiro〕 "～ shitewa ikenai" "～ shitewa ikemasen" são expressões que proíbem determinadas ações.

〔French〕 "～ shitewa ikenai" "～ shitewa ikemasen" est une expression utilisée pour indiquer qu'il est interdit de faire une certaine chose.

●基本パターン●〔Basic Pattern、Patrón básico、Padrão básico、Forme affirmative〕

～ してはいけない

shitewa ikenai

～ してはいけません

shitewa ikemasen

基本(きほん)パターンで言(い)ってみよう!

ここで 騒(さわ)いでは いけません。

Koko de sawaidewa ikemasen

〔E〕You must not make a fuss here.
〔S〕No se puede hacer ruido aquí.
〔P〕Não é permitido fazer barulho aqui.
〔F〕Il est interdit de faire du bruit ici.

ここに 車(くるま)を 停(と)めては いけません。

Koko ni kuruma wo tometewa ikemasen

〔E〕You must not park your car here.
〔S〕No se puede estacionar el auto aquí.
〔P〕Não é permitido estacionar aqui.
〔F〕Il est interdit de garer sa voiture ici.

ここで タバコを 吸(す)っては いけません。

Koko de tabako wo suttewa ikemasen

〔E〕You must not smoke here.
〔S〕No se puede fumar aquí.
〔P〕Não é permitido fumar aqui.
〔F〕Il est interdit de fumer ici.

商品(しょうひん)に 触(さわ)っては いけません。

Shouhin ni sawattewa ikemasen

〔E〕You must not touch the products.
〔S〕No se pueden tocar los artículos.
〔P〕Não é permitido tocar nos produtos.
〔F〕Il est interdit de toucher le produit.

写真(しゃしん)を 撮(と)っては いけません。

Shashin wo tottewa ikemasen

〔E〕You must not take photos (here).
〔S〕No se pueden tomar fotografías aquí.
〔P〕Não é permitido tirar fotos (aqui).
〔F〕Il est interdit de prendre des photos ici.

芝生(しばふ)に 入(はい)っては いけません。

Shibahu ni haittewa ikemasen

〔E〕You must not walk on the lawn (here).
〔S〕No se puede pisar el cesped.
〔P〕Não é permitido pisar no gramado.
〔F〕Il est interdit de marcher sur la pelouse.

---

68 ～してみて（ください）

Track 78

～ shitemite kudasai

〔Basic Phrase、Frase básica、Frase básica、Phrases de base〕

これを 食(た)べてみて。

Kore wo tabetemite

〔E〕Try to eat this.
〔S〕Prueba esto (esta comida).
〔P〕Experimente comer isto.
〔F〕Manges-ça, pour voir.

「～してみて（ください）」は、相手(あいて)に何(なに)かを試(ため)してみるよう、すすめる表現(ひょうげん)です。

〔English〕 "～ shitemite (kudasai)" is an expression that suggests doing something.

〔Spanish〕 "～ shitemite (kudasai)" expresión para sugerir probar algo al interlocutor.

〔Português brasileiro〕 "～ shitemite (kudasai) " é usada para sugerir alguém a tentar algo.

〔French〕 "～ shitemite (kudasai)" est une expression utilisée pour faire une suggestion à quelqu'un.

〔Basic Pattern、Patrón básico、Padrão básico、Forme affirmative〕

～ してみて
shitemite

～ してみて ください
shitemite kudasai

基本（きほん）パターンで言（い）ってみよう!

彼（かれ）に 電話（でんわ）してみて。

Kare ni denwashitemite

〔E〕Try to call him.

〔S〕Prueba a llamarlo por teléfono (a él).

〔P〕Tente ligar para ele.

〔F〕Essaye de lui téléphoner.

この服（ふく）を 試着（しちゃく）してみて。

Kono huku wo shichakushitemite

〔E〕Try on these clothes.

〔S〕Prueba a ponerte esta ropa.

〔P〕Experimente esta roupa.

〔F〕Essaye ce vêtement-là.

その店（みせ）に 行（い）ってみて。

Sono mise ni ittemite

〔E〕Try to go to that store.

〔S〕Prueba a ir a esa tienda / ese restaurante / ese local / esa cafetería.

〔P〕Tente ir a essa loja.

〔F〕Va dans ce restaurant, pour voir.

これを 飲（の）んでみて。

Kore wo nondemite

〔E〕Try to drink this.

〔S〕Prueba esto (esta bebida).

〔P〕Experimente esta bebida.

〔F〕Tentes de boire ça.

この本（ほん）を 読（よ）んでみて。

Kono hon wo yondemite

〔E〕Try to read this book.

〔S〕Prueba a leer este libro.

〔P〕Tente ler este livro.

〔F〕Essaye de lire ce livre.

彼女（かのじょ）に 会（あ）ってみて ください。

Kanojo ni attemite kudasai

〔E〕Please try to meet her.

〔S〕Pruebe a verla (a ella).

〔P〕Tente se encontrar com ela.

〔F〕Essaye de la voir, au moins.

～、お願いします

Track 79

～, onegai shimasu

〔Basic Phrase、Frase básica、Frase básica、Phrases de base〕

精算、お願いします。

Seisan onegai shimasu

〔E〕Settlement, please.
〔S〕La cuenta, por favor.
〔P〕A conta, por favor.
〔F〕Le total, s'il vous plaît.

「～（を）お願いします」は、お店・駅・職場などで何かを求めるときに使える表現です。

〔English〕 "~ (wo) onegaishimasu" is an expression that orders or asks something at shops, stations or offices.

〔Spanish〕 "~ (wo) onegaishimasu" Se usa para solicitar algo en tiendas, estaciones, lugar de trabajo, etc.

〔Português brasileiro〕 "~ (wo) onegaishimasu" é usada para pedir algo em uma loja, estação ou local de trabalho.

〔French〕 "~ (wo) onegaishimasu" est une expression utilisée pour faire une demande, et en particulier dans un magasin, au travail, ou à la gare.

〔Basic Pattern、Patrón básico、Padrão básico、Forme affirmative〕

～ 、 お願い
onegai

～ 、 お願いします
onegai shimasu

～ を お願いします
wo onegai shimasu

基本(きほん)パターンで言(い)ってみよう!

これ、お願(ねが)い。
Kore onegai

〔E〕Please handle this.
〔S〕Esto, por favor.
〔P〕Cuide disto, por favor.
〔F〕Ceci, s'il vous plaît.

サイン、お願(ねが)いします。
Sain onegai shimasu

〔E〕Your signature, please.
〔S〕Firma, por favor.
〔P〕Sua assinatura, por favor.
〔F〕Votre signature, s'il vous plaît.

チケットを２枚(まい)、お願(ねが)いします。
Chiketto wo nimai onegai shimasu

〔E〕Two tickets, please.
〔S〕Dos tickets, por favor.
〔P〕Dois ingressos, por favor.
〔F〕Deux tickets, s'il vous plaît.

ビールを２本(ほん)、お願(ねが)いします。
Biru wo nihon onegai shimasu

〔E〕Two beers, please.
〔S〕Dos cervezas, por favor.
〔P〕Duas garrafas de cerveja, por favor.
〔F〕Deux bières, s'il vous plaît.

日替(ひが)わり定食(ていしょく)、お願(ねが)いします。
Higawari teishoku onegai shimasu

〔E〕Today's special, please.
〔S〕El menú del día, por favor.
〔P〕Prato feito, por favor.
〔F〕Le menu du jour traditionnel, s'il vous plaît.

資料(しりょう)の 確認(かくにん)を お願(ねが)いします。
Shiryou no kakunin wo onegai shimasu

〔E〕Please check the documents.
〔S〕Confirmación de documentos, por favor.
〔P〕Verifique os documentos, por favor.
〔F〕Vérifiez bien les documents, s'il vous plaît.

～をください

Track 80

～ wo kudasai

〔Basic Phrase、Frase básica、Frase básica、Phrases de base〕

領収書（りょうしゅうしょ）をください。

Ryoushusho wo kudasai

〔E〕Please give me a receipt.
〔S〕El recibo, por favor.
〔P〕O recibo, por favor.
〔F〕Donnez-moi un reçu, s'il vous plaît.

「～をください」は、69と同（おな）じように、お店（みせ）・駅（えき）・職場（しょくば）などで何（なに）かを求（もと）めるときに使（つか）える表現（ひょうげん）です。

〔English〕 "~ wo kudasai" is an expression (like the previous entry, 69) that orders or asks for something at the shops, stations or offices.

〔Spanish〕 "~ wo kudasai" Se usa como la anterior expresión 69, para solicitar algo en tiendas, estaciones, lugar de trabajo, etc.

〔Português brasileiro〕 "~ wo kudasai", da mesma forma que o padrão 69, é usada para pedir algo em uma loja, estação ou local de trabalho.

〔French〕 "~ wo kudasai" est une expression utilisée pour exprimer un ordre, comme au 69, souvent utilisée au travail, à la gare ou au restaurant.

〔Basic Pattern、Patrón básico、Padrão básico、Forme affirmative〕

～ を ください

wo kudasai

基本(きほん)パターンで言(い)ってみよう!

お水(みず)を ください。

Omizu wo kudasai

〔E〕Please give me a glass of water.
〔S〕Agua, por favor.
〔P〕Um copo de água, por favor.
〔F〕Apportez-moi de l'eau, s'il vous plaît.

資料(しりょう)を ください。

Shiryou wo kudasai

〔E〕Please give me the documents.
〔S〕Documentos, por favor.
〔P〕Os documentos, por favor.
〔F〕Donnez-moi les documents, s'il vous plaît.

返事(へんじ)を ください。

Henji wo kudasai

〔E〕Please reply.
〔S〕Deme una respuesta, por favor.
〔P〕Por favor, aguardo sua resposta.
〔F〕Donnez-moi une réponse, s'il vous plaît.

連絡(れんらく)を ください。

Renraku wo kudasai

〔E〕Please contact me.
〔S〕Contacte conmigo, por favor.
〔P〕Por favor, entre em contato comigo.
〔F〕Contactez-moi, s'il vous plaît.

証明書(しょうめいしょ)を ください。

Shoumeisho wo kudasai

〔E〕Please issue a certificate.
〔S〕Identificación / certificación / certificado, por favor.
〔P〕O certificado, por favor.
〔F〕Donnez-moi le certificat, s'il vous plaît.

休(やす)みを ください。

Yasumi wo kudasai

〔E〕Please let me take a break.
〔S〕Descanso, por favor.
〔P〕Deixe-me fazer uma pausa, por favor.
〔F〕Laissez-moi du repos, s'il vous plaît.

～してください

Track 81

～ shite kudasai

〔Basic Phrase、Frase básica、Frase básica、Phrases de base〕

連絡先を 書いてください。

Renrakusaki wo kaite kudasai

〔E〕 Please write your contact information.

〔S〕 Escriba su dirección de contacto, por favor.

〔P〕 Escreva suas informações de contato.

〔F〕 Veuillez écrire votre numéro de téléphone.

「～してください」は、相手にお願いしたいことを伝えるときの表現です。

〔English〕 "~ shitekudasai" is an expression that makes a request to a person.

〔Spanish〕 "~ shitekudasai" expresión para solicitar algo al interlocutor.

〔Português brasileiro〕 "~ shitekudasai" é usada para transmitir um pedido a alguém.

〔French〕 "~ shitekudasai" est une expression utilisé pour demander quelque chose à une quelqu'un.

〔Basic Pattern、Patrón básico、Padrão básico、Forme affirmative〕

～ してください

shite kudasai

基本パターンで言ってみよう!

お店を 予約してください。

Omise wo yoyakushite kudasai

〔E〕Please reserve the restaurant.
〔S〕Reserve mesa por favor.
〔P〕Faça uma reserva no restaurante.
〔F〕Veuillez faire une réservation au restaurant.

学校に 連絡してください。

Gakkou ni renrakushite kudasai

〔E〕Please contact the school.
〔S〕Contacte con la escuela, por favor.
〔P〕Entre em contato com a escola.
〔F〕Veuillez téléphoner à l'école.

使い方を 教えてください。

Tsukaikata wo oshiete kudasai

〔E〕Please tell me how to use it.
〔S〕Enséñeme cómo usar esto, por favor.
〔P〕Por favor, diga-me como usar isto.
〔F〕Veuillez m'indiquer comment m'en servir.

お金を 貸してください。

Okane wo kashite kudasai

〔E〕Please lend me money.
〔S〕Présteme dinero, por favor.
〔P〕Por favor, me empreste algum dinheiro.
〔F〕Prêtez-moi de l'argent.

来週、ここに 来てください。

Raishu koko ni kite kudasai

〔E〕Please come here next week.
〔S〕Venga aquí la semana próxima, por favor.
〔P〕Venha aqui na próxima semana.
〔F〕Venez ici la semaine prochaine.

この 薬を 飲んでください。

Kono kusuri wo nonde kudasai

〔E〕Take this medicine, please.
〔S〕Beba esta medicina, por favor.
〔P〕Tome este remédio.
〔F〕Veuillez prendre ce médicament.

～していただけませんか？

Track 82

～ shite itadakemasenka

〔Basic Phrase、Frase básica、Frase básica、Phrases de base〕

街を 案内していただけませんか？

Machi wo annaishite itadakemasenka

〔E〕Could you show around the city?

〔S〕¿Podría enseñarme la ciudad?

〔P〕Você poderia me mostrar a cidade?

〔F〕Est-ce que vous voulez bien me faire visiter la ville?

「～していただけませんか？」は、相手にお願いしたいことがあるときに使われる丁寧な表現です。

〔English〕 "~ shiteitadakemasenka?" is a polite expression that is used to ask a favor.

〔Spanish〕 "~ shiteitadakemasenka?" expresión educada para hacer una petición al interlocutor.

〔Português brasileiro〕 "~ shiteitadakemasenka?" é uma expressão polida usada para pedir um favor a alguém.

〔French〕 "~ shiteitadakemasenka?" est une expression utilisée pour demander une faveur, poliment.

●基本パターン●

〔Basic Pattern、Patrón básico、Padrão básico、Forme affirmative〕

～ していただけませんか ？

shite itadakemasenka

基本パターンで言ってみよう!

手伝っていただけませんか？
Tetsudatte itadakemasenka

[E] Could you help me?
[S] ¿Podría ayudarme?
[P] Você poderia me ajudar?
[F] Est-ce que vous voulez bien m'aider?

道を 教えていただけませんか？
Michi wo oshiete itadakemasenka

[E] Could you tell me the way?
[S] ¿Podría indicarme el camino?
[P] Você poderia me informar o caminho?
[F] Est-ce que vous voulez bien m'indiquer le chemin?

荷物を 持っていただけませんか？
Nimotsu wo motte itadakemasenka

[E] Could you carry my luggage?
[S] ¿Podría tenerme las maletas?
[P] Você poderia carregar a minha bagagem?
[F] Est-ce que vous voulez bien porter mes bagages?

写真を 撮っていただけませんか？
Shashin wo totte itadakemasenka

[E] Could you take a picture?
[S] ¿Podría usted tomar una foto?
[P] Você poderia tirar uma foto para mim?
[F] Est-ce que vous voulez bien prendre une photo?

お金を 貸していただけませんか？
Okane wo kashite itadakemasenka

[E] Could you lend me some money?
[S] ¿Podría prestarme dinero?
[P] Você poderia me emprestar algum dinheiro?
[F] Est-ce que vous voulez bien me prêter de l'argent?

明日、会っていただけませんか？
Ashita atte itadakemasenka

[E] Could you get together tomorrow?
[S] ¿Podríamos vernos mañana?
[P] Você poderia se encontrar comigo amanhã?
[F] Est-ce que vous seriez d'accord pour se voir demain?

＜付録＞

・よく使う動詞のリスト

・よく使う形容詞のリスト

・よく使う敬語（尊敬語、謙譲語）

・物の数え方

・基本単語

・日本の 47 都道府県、主な都市

・日本人に多い名字

よく使う動詞のリスト

●グループ１

会う	au	会います	会わない	会いません	会った	会いました	会わなかった
愛する	aisuru	愛します	愛さない	愛しません	愛した	愛しました	愛さなかった
開く	aku	開きます	開かない	開きません	開いた	開きました	開かなかった
遊ぶ	asobu	遊びます	遊ばない	遊びません	遊んだ	遊びました	遊ばなかった
謝る	ayamaru	謝ります	謝らない	謝りません	謝った	謝りました	謝らなかった
洗う	arau	洗います	洗わない	洗いません	洗った	洗いました	洗わなかった
ある	aru	あります	ない	ありません	あった	ありました	なかった
歩く	aruku	歩きます	歩かない	歩きません	歩いた	歩きました	歩かなかった
言う	iu	言います	言わない	言いません	言った	言いました	言わなかった
行く	iku	行きます	行かない	行きません	行った	行きました	行かなかった
頂く	itadaku	頂きます	頂かない	頂きません	頂いた	頂きました	頂かなかった
動く	ugoku	動きます	動かない	動きません	動いた	動きました	動かなかった
歌う	utau	歌います	歌わない	歌いません	歌った	歌いました	歌わなかった
移す	utsusu	移します	移さない	移しません	移した	移しました	移さなかった
写す	utsusu	写します	写さない	写しません	写した	写しました	写さなかった
選ぶ	erabu	選びます	選ばない	選びません	選んだ	選びました	選ばなかった
置く	oku	置きます	置かない	置きません	置いた	置きました	置かなかった
送る	okuru	送ります	送らない	送りません	送った	送りました	送らなかった
行う	okonau	行います	行わない	行いません	行った	行いました	行わなかった
怒る	okoru	怒ります	怒らない	怒りません	怒った	怒りました	怒らなかった
押す	osu	押します	押さない	押しません	押した	押しました	押さなかった
踊る	odoru	踊ります	踊らない	踊りません	踊った	踊りました	踊らなかった
驚く	odoroku	驚きます	驚かない	驚きません	驚いた	驚きました	驚かなかった
思う	omou	思います	思わない	思いません	思った	思いました	思わなかった
泳ぐ	oyogu	泳ぎます	泳がない	泳ぎません	泳いだ	泳ぎました	泳がなかった

終わる	owaru	終わります	終わらない	終わりません	終わった	終わりました	終わらなかった
買う	kau	買います	買わない	買いません	買った	買いました	買わなかった
返す	kaesu	返します	返さない	返しません	返した	返しました	返さなかった
帰る	kaeru	帰ります	帰らない	帰りません	帰った	帰りました	帰らなかった
書く	kaku	書きます	書かない	書きません	書いた	書きました	書かなかった
貸す	kasu	貸します	貸さない	貸しません	貸した	貸しました	貸さなかった
通う	kayou	通います	通わない	通いません	通った	通いました	通わなかった
渇く	kawaku	渇きます	渇かない	渇きません	渇いた	渇きました	渇かなかった
聞く	kiku	聞きます	聞かない	聞きません	聞いた	聞きました	聞かなかった
切る	kiru	切ります	切らない	切りません	切った	切りました	切らなかった
消す	kesu	消します	消さない	消しません	消した	消しました	消さなかった
困る	komaru	困ります	困らない	困りません	困った	困りました	困らなかった
混む	komu	混みます	混まない	混みません	混んだ	混みました	混まなかった
壊す	kowasu	壊します	壊さない	壊しません	壊した	壊しました	壊さなかった
探す	sagasu	探します	探さない	探しません	探した	探しました	探さなかった
誘う	sasou	誘います	誘わない	誘いません	誘った	誘いました	誘わなかった
騒ぐ	sawagu	騒ぎます	騒がない	騒ぎません	騒いだ	騒ぎました	騒がなかった
触る	sawaru	触ります	触らない	触りません	触った	触りました	触らなかった
叱る	shikaru	叱ります	叱らない	叱りません	叱った	叱りました	叱らなかった
死ぬ	shinu	死にます	死なない	死にません	死んだ	死にました	死ななかった
閉まる	shimaru	閉まります	閉まらない	閉まりません	閉まった	閉まりました	閉まらなかった
知る	shiru	(知ります)	知らない	知りません	知った	知りました	知らなかった
座る	suwaru	座ります	座らない	座りません	座った	座りました	座らなかった
出す	dasu	出します	出さない	出しません	出した	出しました	出さなかった
立つ	tatsu	立ちます	立たない	立ちません	立った	立ちました	立たなかった
頼む	tanomu	頼みます	頼まない	頼みません	頼んだ	頼みました	頼まなかった
違う	chigau	違います	違わない	違いません	違った	違いました	違わなかった

使(つか)う	tsukau	使います	使わない	使いません	使った	使いました	使わなかった
着(つ)く	tsuku	着きます	着かない	着きません	着いた	着きました	着かなかった
手伝(てつだ)う	tetsudau	手伝います	手伝わない	手伝いません	手伝った	手伝いました	手伝わなかった
通(とお)る	toru	通ります	通らない	通りません	通った	通りました	通らなかった
止(と)まる	tomaru	止まります	止まらない	止まりません	止まった	止まりました	止まらなかった
取(と)る	toru	取ります	取らない	取りません	取った	取りました	取らなかった
撮(と)る	toru	撮ります	撮らない	撮りません	撮った	撮りました	撮らなかった
泣(な)く	naku	泣きます	泣かない	泣きません	泣いた	泣きました	泣かなかった
なる	naru	なります	ならない	なりません	なった	なりました	ならなかった
脱(ぬ)ぐ	nugu	脱ぎます	脱がない	脱ぎません	脱いだ	脱ぎました	脱がなかった
盗(ぬす)む	nusumu	盗みます	盗まない	盗みません	盗んだ	盗みました	盗まなかった
残(のこ)る	nokoru	残ります	残らない	残りません	残った	残りました	残らなかった
飲(の)む	nomu	飲みます	飲まない	飲みません	飲んだ	飲みました	飲まなかった
乗(の)る	noru	乗ります	乗らない	乗りません	乗った	乗りました	乗らなかった
入(はい)る	hairu	入ります	入らない	入りません	入った	入りました	入らなかった
運(はこ)ぶ	hakobu	運びます	運ばない	運びません	運んだ	運びました	運ばなかった
走(はし)る	hashiru	走ります	走らない	走りません	走った	走りました	走らなかった
働(はたら)く	hataraku	働きます	働かない	働きません	働いた	働きました	働かなかった
話(はな)す	hanasu	話します	話さない	話しません	話した	話しました	話さなかった
払(はら)う	harau	払います	払わない	払いません	払った	払いました	払わなかった
開(ひら)く	hiraku	開きます	開かない	開きません	開いた	開きました	開かなかった
拾(ひろ)う	hirou	拾います	拾わない	拾いません	拾った	拾いました	拾わなかった
降(ふ)る	huru	降ります	降らない	降りません	降った	降りました	降らなかった
減(へ)る	heru	減ります	減らない	減りません	減った	減りました	減らなかった
待(ま)つ	matsu	待ちます	待たない	待ちません	待った	待ちました	待たなかった
持(も)つ	motsu	持ちます	持たない	持ちません	持った	持ちました	持たなかった
戻(もど)る	modoru	戻ります	戻らない	戻りません	戻った	戻りました	戻らなかった

もらう	morau	もらいます	もらわない	もらいません	もらった	もらいました	もらわなかった
休む	yasumu	休みます	休まない	休みません	休んだ	休みました	休まなかった
やる	yaru	やります	やらない	やりません	やった	やりました	やらなかった
呼ぶ	yobu	呼びます	呼ばない	呼びません	呼んだ	呼びました	呼ばなかった
読む	yomu	読みます	読まない	読みません	読んだ	読みました	読まなかった
喜ぶ	yorokobu	喜びます	喜ばない	喜びません	喜んだ	喜びました	喜ばなかった
わかる	wakaru	わかります	わからない	わかりません	わかった	わかりました	わからなかった
笑う	warau	笑います	笑わない	笑いません	笑った	笑いました	笑わなかった
割る	waru	割ります	割らない	割りません	割った	割りました	割らなかった

●グループ2

開ける	akeru	開けます	開けない	開けません	開けた	開けました	開けなかった
集める	atsumeru	集めます	集めない	集めません	集めた	集めました	集めなかった
いる	iru	います	いない	いません	いた	いました	いなかった
入れる	ireru	入れます	入れない	入れません	入れた	入れました	入れなかった
受ける	ukeru	受けます	受けない	受けません	受けた	受けました	受けなかった
起きる	okiru	起きます	起きない	起きません	起きた	起きました	起きなかった
遅れる	okureru	遅れます	遅れない	遅れません	遅れた	遅れました	遅れなかった
教える	oshieru	教えます	教えない	教えません	教えた	教えました	教えなかった
落ちる	ochiru	落ちます	落ちない	落ちません	落ちた	落ちました	落ちなかった
覚える	oboeru	覚えます	覚えない	覚えません	覚えた	覚えました	覚えなかった
降りる	oriru	降ります	降りない	降りません	降りた	降りました	降りなかった
変える	kaeru	変えます	変えない	変えません	変えた	変えました	変えなかった
かける	kakeru	かけます	かけない	かけません	かけた	かけました	かけなかった
借りる	kariru	借ります	借りない	借りません	借りた	借りました	借りなかった
決める	kimeru	決めます	決めない	決めません	決めた	決めました	決めなかった
着る	kiru	きます	きない	きません	きた	きました	きなかった

比(くら)べる	kuraberu	比べます	比べない	比べません	比べた	比べました	比べなかった
答(こた)える	kotaeru	答えます	答えない	答えません	答えた	答えました	答えなかった
閉(し)める	shimeru	閉めます	閉めない	閉めません	閉めた	閉めました	閉めなかった
調(しら)べる	shiraberu	調べます	調べない	調べません	調べた	調べました	調べなかった
捨(す)てる	suteru	捨てます	捨てない	捨てません	捨てた	捨てました	捨てなかった
育(そだ)てる	sodateru	育てます	育てない	育てません	育てた	育てました	育てなかった
建(た)てる	tateru	建てます	建てない	建てません	建てた	建てました	建てなかった
食(た)べる	taberu	食べます	食べない	食べません	食べた	食べました	食べなかった
足(た)りる	tariru	足ります	足りない	足りません	足りた	足りました	足りなかった
付(つ)ける	tsukeru	付けます	付けない	付けません	付けた	付けました	付けなかった
伝(つた)える	tsutaeru	伝えます	伝えない	伝えません	伝えた	伝えました	伝えなかった
出来(でき)る	dekiru	できます	できない	できません	できた	できました	できなかった
出(で)る	deru	でます	でない	でません	でた	でました	でなかった
届(とど)ける	todokeru	届けます	届けない	届けません	届けた	届けました	届けなかった
止(と)める	tomeru	止めます	止めない	止めません	止めた	止めました	止めなかった
慣(な)れる	nareru	慣れます	慣れない	慣れません	慣れた	慣れました	慣れなかった
逃(に)げる	nigeru	逃げます	逃げない	逃げません	逃げた	逃げました	逃げなかった
寝(ね)る	neru	ねます	ねない	ねません	ねた	ねました	ねなかった
始(はじ)める	hajimeru	始めます	始めない	始めません	始めた	始めました	始めなかった
増(ふ)える	hueru	増えます	増えない	増えません	増えた	増えました	増えなかった
ほめる	homeru	ほめます	ほめない	ほめません	ほめた	ほめました	ほめなかった
見(み)える	mieru	見えます	見えない	見えません	見えた	見えました	見えなかった
見(み)せる	miseru	見せます	見せない	見せません	見せた	見せました	見せなかった
見(み)る	miru	みます	みない	みません	みた	みました	みなかった
止(や)める	yameru	止めます	止めない	止めません	止めた	止めました	止めなかった
別(わか)れる	wakareru	別れます	別れない	別れません	別れた	別れました	別れなかった
忘(わす)れる	wasureru	忘れます	忘れない	忘れません	忘れた	忘れました	忘れなかった

●グループ3

挨拶(あいさつ)する aisatsusuru	挨拶(あいさつ)します	挨拶(あいさつ)しない	挨拶(あいさつ)しません	挨拶(あいさつ)した	挨拶(あいさつ)しました	挨拶(あいさつ)しなかった
案内(あんない)する annaisuru	案内(あんない)します	案内(あんない)しない	案内(あんない)しません	案内(あんない)した	案内(あんない)しました	案内(あんない)しなかった
運転(うんてん)する untensuru	運転(うんてん)します	運転(うんてん)しない	運転(うんてん)しません	運転(うんてん)した	運転(うんてん)しました	運転(うんてん)しなかった
観光(かんこう)する kankousuru	観光(かんこう)します	観光(かんこう)しない	観光(かんこう)しません	観光(かんこう)した	観光(かんこう)しました	観光(かんこう)しなかった
感謝(かんしゃ)する kanshasuru	感謝(かんしゃ)します	感謝(かんしゃ)しない	感謝(かんしゃ)しません	感謝(かんしゃ)した	感謝(かんしゃ)しました	感謝(かんしゃ)しなかった
来(く)る kuru	来(き)ます	来(こ)ない	来(き)ません	来(き)た	来(き)ました	来(こ)なかった
結婚(けっこん)する kekkonsuru	結婚(けっこん)します	結婚(けっこん)しない	結婚(けっこん)しません	結婚(けっこん)した	結婚(けっこん)しました	結婚(けっこん)しなかった
交換(こうかん)する koukansuru	交換(こうかん)します	交換(こうかん)しない	交換(こうかん)しません	交換(こうかん)した	交換(こうかん)しました	交換(こうかん)しなかった
参加(さんか)する sankasuru	参加(さんか)します	参加(さんか)しない	参加(さんか)しません	参加(さんか)した	参加(さんか)しました	参加(さんか)しなかった
残業(ざんぎょう)する zangyousuru	残業(ざんぎょう)します	残業(ざんぎょう)しない	残業(ざんぎょう)しません	残業(ざんぎょう)した	残業(ざんぎょう)しました	残業(ざんぎょう)しなかった
賛成(さんせい)する sanseisuru	賛成(さんせい)します	賛成(さんせい)しない	賛成(さんせい)しません	賛成(さんせい)した	賛成(さんせい)しました	賛成(さんせい)しなかった
質問(しつもん)する shitsumonsuru	質問(しつもん)します	質問(しつもん)しない	質問(しつもん)しません	質問(しつもん)した	質問(しつもん)しました	質問(しつもん)しなかった
就職(しゅうしょく)する shushokusuru	就職(しゅうしょく)します	就職(しゅうしょく)しない	就職(しゅうしょく)しません	就職(しゅうしょく)した	就職(しゅうしょく)しました	就職(しゅうしょく)しなかった
修理(しゅうり)する shurisuru	修理(しゅうり)します	修理(しゅうり)しない	修理(しゅうり)しません	修理(しゅうり)した	修理(しゅうり)しました	修理(しゅうり)しなかった
出席(しゅっせき)する shussekisuru	出席(しゅっせき)します	出席(しゅっせき)しない	出席(しゅっせき)しません	出席(しゅっせき)した	出席(しゅっせき)しました	出席(しゅっせき)しなかった
出張(しゅっちょう)する shucchousuru	出張(しゅっちょう)します	出張(しゅっちょう)しない	出張(しゅっちょう)しません	出張(しゅっちょう)した	出張(しゅっちょう)しました	出張(しゅっちょう)しなかった
出発(しゅっぱつ)する shuppatsusuru	出発(しゅっぱつ)します	出発(しゅっぱつ)しない	出発(しゅっぱつ)しません	出発(しゅっぱつ)した	出発(しゅっぱつ)しました	出発(しゅっぱつ)しなかった
準備(じゅんび)する junbisuru	準備(じゅんび)します	準備(じゅんび)しない	準備(じゅんび)しません	準備(じゅんび)した	準備(じゅんび)しました	準備(じゅんび)しなかった
紹介(しょうかい)する shoukaisuru	紹介(しょうかい)します	紹介(しょうかい)しない	紹介(しょうかい)しません	紹介(しょうかい)した	紹介(しょうかい)しました	紹介(しょうかい)しなかった
する suru	します	しない	しません	した	しました	しなかった
説明(せつめい)する setsumeisuru	説明(せつめい)します	説明(せつめい)しない	説明(せつめい)しません	説明(せつめい)した	説明(せつめい)しました	説明(せつめい)しなかった

せんたく **洗濯する** sentakusuru	洗濯します	洗濯しない	洗濯しません	洗濯した	洗濯しました	洗濯しなかった
そうじ **掃除する** soujisuru	掃除します	掃除しない	掃除しません	掃除した	掃除しました	掃除しなかった
そうだん **相談する** soudansuru	相談します	相談しない	相談しません	相談した	相談しました	相談しなかった
ちゅうい **注意する** chuisuru	注意します	注意しない	注意しません	注意した	注意しました	注意しなかった
ちゅうもん **注文する** chumonsuru	注文します	注文しない	注文しません	注文した	注文しました	注文しなかった
でんわ **電話する** denwasuru	電話します	電話しない	電話しません	電話した	電話しました	電話しなかった
とうちゃく **到着する** touchakusuru	到着します	到着しない	到着しません	到着した	到着しました	到着しなかった
べんきょう **勉強する** benkyousuru	勉強します	勉強しない	勉強しません	勉強した	勉強しました	勉強しなかった
へんじ **返事する** henjisuru	返事します	返事しない	返事しません	返事した	返事しました	返事しなかった
やくそく **約束する** yakusokusuru	約束します	約束しない	約束しません	約束した	約束しました	約束しなかった
ようい **用意する** youisuru	用意します	用意しない	用意しません	用意した	用意しました	用意しなかった
よやく **予約する** yoyakusuru	予約します	予約しない	予約しません	予約した	予約しました	予約しなかった
りゅうがく **留学する** ryugakusuru	留学します	留学しない	留学しません	留学した	留学しました	留学しなかった
りよう **利用する** riyousuru	利用します	利用しない	利用しません	利用した	利用しました	利用しなかった
りょうり **料理する** ryourisuru	料理します	料理しない	料理しません	料理した	料理しました	料理しなかった
りょこう **旅行する** ryokousuru	旅行します	旅行しない	旅行しません	旅行した	旅行しました	旅行しなかった
れんしゅう **練習する** renshusuru	練習します	練習しない	練習しません	練習した	練習しました	練習しなかった
れんらく **連絡する** renrakusuru	連絡します	連絡しない	連絡しません	連絡した	連絡しました	連絡しなかった

よく使う形容詞のリスト

●い形容詞

青い aoi	青いです	青くない	青くないです	青かった	青かったです	青くなかった
赤い akai	赤いです	赤くない	赤くないです	赤かった	赤かったです	赤くなかった
明るい akarui	明るいです	明るくない	明るくないです	明るかった	明るかったです	明るくなかった
浅い asai	浅いです	浅くない	浅くないです	浅かった	浅かったです	浅くなかった
暖かい atatakai	暖かいです	暖かくない	暖かくないです	暖かかった	暖かかったです	暖かくなかった
温かい atatakai	温かいです	温かくない	温かくないです	温かかった	温かかったです	温かくなかった
新しい atarashii	新しいです	新しくない	新しくないです	新しかった	新しかったです	新しくなかった
暑い atsui	暑いです	暑くない	暑くないです	暑かった	暑かったです	暑くなかった
熱い atsui	熱いです	熱くない	熱くないです	熱かった	熱かったです	熱くなかった
危ない abunai	危ないです	危なくない	危なくないです	危なかった	危なかったです	危なくなかった
甘い amai	甘いです	甘くない	甘くないです	甘かった	甘かったです	甘くなかった
いい ii	いいです	よくない	よくないです	よかった	よかったです	よくなかった
忙しい isogashii	忙しいです	忙しくない	忙しくないです	忙しかった	忙しかったです	忙しくなかった
痛い itai	痛いです	痛くない	痛くないです	痛かった	痛かったです	痛くなかった
薄い usui	薄いです	薄くない	薄くないです	薄かった	薄かったです	薄くなかった
美しい utsukushii	美しいです	美しくない	美しくないです	美しかった	美しかったです	美しくなかった
うまい umai	うまいです	うまくない	うまくないです	うまかった	うまかったです	うまくなかった
うるさい urusai	うるさいです	うるさくない	うるさくないです	うるさかった	うるさかったです	うるさくなかった
うれしい ureshii	うれしいです	うれしくない	うれしくないです	うれしかった	うれしかったです	うれしくなかった
おいしい oishii	おいしいです	おいしくない	おいしくないです	おいしかった	おいしかったです	おいしくなかった

多(おお)い ooi	多(おお)いです	多(おお)くない	多(おお)くないです	多(おお)かった	多(おお)かったです	多(おお)くなかった
大(おお)きい ooki	大(おお)きいです	大(おお)きくない	大(おお)きくないです	大(おお)きかった	大(おお)きかったです	大(おお)きくなかった
遅(おそ)い osoi	遅(おそ)いです	遅(おそ)くない	遅(おそ)くないです	遅(おそ)かった	遅(おそ)かったです	遅(おそ)くなかった
重(おも)い omoi	重(おも)いです	重(おも)くない	重(おも)くないです	重(おも)かった	重(おも)かったです	重(おも)くなかった
面白(おもしろ)い omoshiroi	面白(おもしろ)いです	面白(おもしろ)くない	面白(おもしろ)くないです	面白(おもしろ)かった	面白(おもしろ)かったです	面白(おもしろ)くなかった
固(かた)い katai	固(かた)いです	固(かた)くない	固(かた)くないです	固(かた)かった	固(かた)かったです	固(かた)くなかった
悲(かな)しい kanashii	悲(かな)しいです	悲(かな)しくない	悲(かな)しくないです	悲(かな)しかった	悲(かな)しかったです	悲(かな)しくなかった
辛(から)い karai	辛(から)いです	辛(から)くない	辛(から)くないです	辛(から)かった	辛(から)かったです	辛(から)くなかった
軽(かる)い karui	軽(かる)いです	軽(かる)くない	軽(かる)くないです	軽(かる)かった	軽(かる)かったです	軽(かる)くなかった
かわいい kawaii	かわいいです	かわいくない	かわいくないです	かわいかった	かわいかったです	かわいくなかった
黄色(きいろ)い kiiroi	黄色(きいろ)いです	黄色(きいろ)くない	黄色(きいろ)くないです	黄色(きいろ)かった	黄色(きいろ)かったです	黄色(きいろ)くなかった
汚(きたな)い kitanai	汚(きたな)いです	汚(きたな)くない	汚(きたな)くないです	汚(きたな)かった	汚(きたな)かったです	汚(きたな)くなかった
厳(きび)しい kibishii	厳(きび)しいです	厳(きび)しくない	厳(きび)しくないです	厳(きび)しかった	厳(きび)しかったです	厳(きび)しくなかった
暗(くら)い kurai	暗(くら)いです	暗(くら)くない	暗(くら)くないです	暗(くら)かった	暗(くら)かったです	暗(くら)くなかった
黒(くろ)い kuroi	黒(くろ)いです	黒(くろ)くない	黒(くろ)くないです	黒(くろ)かった	黒(くろ)かったです	黒(くろ)くなかった
濃(こ)い koi	濃(こ)いです	濃(こ)くない	濃(こ)くないです	濃(こ)かった	濃(こ)かったです	濃(こ)くなかった
細(こま)かい komakakai	細(こま)かいです	細(こま)かくない	細(こま)かくないです	細(こま)かかった	細(こま)かかったです	細(こま)かくなかった
こわい kowai	こわいです	こわくない	こわくないです	こわかった	こわかったです	こわくなかった
寂(さび)しい sabishii	寂(さび)しいです	寂(さび)しくない	寂(さび)しくないです	寂(さび)しかった	寂(さび)しかったです	寂(さび)しくなかった
寒(さむ)い samui	寒(さむ)いです	寒(さむ)くない	寒(さむ)くないです	寒(さむ)かった	寒(さむ)かったです	寒(さむ)くなかった
白(しろ)い shiroi	白(しろ)いです	白(しろ)くない	白(しろ)くないです	白(しろ)かった	白(しろ)かったです	白(しろ)くなかった
少(すく)ない sukunai	少(すく)ないです	少(すく)なくない	少(すく)なくないです	少(すく)なかった	少(すく)なかったです	少(すく)なくなかった

すごい sugoi	すごいです	すごくない	すごくないです	すごかった	すごかったです	すごくなかった
涼しい suzushii	涼しいです	涼しくない	涼しくないです	涼しかった	涼しかったです	涼しくなかった
狭い semai	狭いです	狭くない	狭くないです	狭かった	狭かったです	狭くなかった
高い takai	高いです	高くない	高くないです	高かった	高かったです	高くなかった
正しい tadashii	正しいです	正しくない	正しくないです	正しかった	正しかったです	正しくなかった
楽しい tanoshii	楽しいです	楽しくない	楽しくないです	楽しかった	楽しかったです	楽しくなかった
小さい chiisai	小さいです	小さくない	小さくないです	小さかった	小さかったです	小さくなかった
近い chikai	近いです	近くない	近くないです	近かった	近かったです	近くなかった
冷たい tsumetai	冷たいです	冷たくない	冷たくないです	冷たかった	冷たかったです	冷たくなかった
強い tyuyoi	強いです	強くない	強くないです	強かった	強かったです	強くなかった
遠い tooi	遠いです	遠くない	遠くないです	遠かった	遠かったです	遠くなかった
長い nagai	長いです	長くない	長くないです	長かった	長かったです	長くなかった
苦い nigai	苦いです	苦くない	苦くないです	苦かった	苦かったです	苦くなかった
早い hayai	早いです	早くない	早くないです	早かった	早かったです	早くなかった
速い hayai	速いです	速くない	速くないです	速かった	速かったです	速くなかった
低い hikui	低いです	低くない	低くないです	低かった	低かったです	低くなかった
ひどい hidoi	ひどいです	ひどくない	ひどくないです	ひどかった	ひどかったです	ひどくなかった
広い hiroi	広いです	広くない	広くないです	広かった	広かったです	広くなかった
深い hukai	深いです	深くない	深くないです	深かった	深かったです	深くなかった
古い hurui	古いです	古くない	古くないです	古かった	古かったです	古くなかった
まずい mazui	まずいです	まずくない	まずくないです	まずかった	まずかったです	まずくなかった
丸い marui	丸いです	丸くない	丸くないです	丸かった	丸かったです	丸くなかった

短(みじか)い mijikai	短いです	短くない	短くないです	短かった	短かったです	短くなかった
難(むずか)しい muzukashii	難しいです	難しくない	難しくないです	難しかった	難しかったです	難しくなかった
珍(めずら)しい mezurashii	珍しいです	珍しくない	珍しくないです	珍しかった	珍しかったです	珍しくなかった
優(やさ)しい yasashii	優しいです	優しくない	優しくないです	優しかった	優しかったです	優しくなかった
易(やさ)しい yasashii	易しいです	易しくない	易しくないです	易しかった	易しかったです	易しくなかった
安(やす)い yasui	安いです	安くない	安くないです	安かった	安かったです	安くなかった
柔(やわ)らかい yawarakai	柔らかいです	柔らかくない	柔らかくないです	柔らかかった	柔らかかったです	柔らかくなかった
弱(よわ)い yowai	弱いです	弱くない	弱くないです	弱かった	弱かったです	弱くなかった
若(わか)い wakai	若いです	若くない	若くないです	若かった	若かったです	若くなかった
悪(わる)い warui	悪いです	悪くない	悪くないです	悪かった	悪かったです	悪くなかった

●な形容詞(けいようし)

安全(あんぜん)(な) anzen(na)	安全です	安全ではない	安全ではありません	安全だった	安全でした	安全ではなかった
いや(な) iya(na)	いやです	いやではない	いやではありません	いやだった	いやでした	いやではなかった
簡単(かんたん)(な) kantan(na)	簡単です	簡単ではない	簡単ではありません	簡単だった	簡単でした	簡単ではなかった
危険(きけん)(な) kiken(na)	危険です	危険ではない	危険ではありません	危険だった	危険でした	危険ではなかった
嫌(きら)い(な) kirai(na)	嫌いです	嫌いではない	嫌いではありません	嫌いだった	嫌いでした	嫌いではなかった
きれい(な) kirei(na)	きれいです	きれいではない	きれいではありません	きれいだった	きれいでした	きれいではなかった
元気(げんき)(な) genki(na)	元気です	元気ではない	元気ではありません	元気だった	元気でした	元気ではなかった
残念(ざんねん)(な) zannen(na)	残念です	残念ではない	残念ではありません	残念だった	残念でした	残念ではなかった
静(しず)か(な) shizuka(na)	静かです	静かではない	静かではありません	静かだった	静かでした	静かではなかった
自由(じゆう)(な) jiyu(na)	自由です	自由ではない	自由ではありません	自由だった	自由でした	自由ではなかった
上手(じょうず)(な) jouzu(na)	上手です	上手ではない	上手ではありません	上手だった	上手でした	上手ではなかった

親切(な) shinsetsu(na)	親切です	親切ではない	親切ではありません	親切だった	親切でした	親切ではなかった
心配(な) shinpai(na)	心配です	心配ではない	心配ではありません	心配だった	心配でした	心配ではなかった
好き(な) suki(na)	好きです	好きではない	好きではありません	好きだった	好きでした	好きではなかった
大事(な) daiji(na)	大事です	大事ではない	大事ではありません	大事だった	大事でした	大事ではなかった
大丈夫(な) daijoubu(na)	大丈夫です	大丈夫ではない	大丈夫ではありません	大丈夫だった	大丈夫でした	大丈夫ではなかった
大切(な) taisetsu(na)	大切です	大切ではない	大切ではありません	大切だった	大切でした	大切ではなかった
大変(な) taihen(na)	大変です	大変ではない	大変ではありません	大変だった	大変でした	大変ではなかった
だめ(な) dame(na)	だめです	だめではない	だめではありません	だめだった	だめでした	だめではなかった
丁寧(な) teinei(na)	丁寧です	丁寧ではない	丁寧ではありません	丁寧だった	丁寧でした	丁寧ではなかった
特別(な) tokubetsu(na)	特別です	特別ではない	特別ではありません	特別だった	特別でした	特別ではなかった
熱心(な) nesshin(na)	熱心です	熱心ではない	熱心ではありません	熱心だった	熱心でした	熱心ではなかった
暇(な) hima(na)	暇です	暇ではない	暇ではありません	暇だった	暇でした	暇ではなかった
不便(な) huben(na)	不便です	不便ではない	不便ではありません	不便だった	不便でした	不便ではなかった
下手(な) heta(na)	下手です	下手ではない	下手ではありません	下手だった	下手でした	下手ではなかった
変(な) hen(na)	変です	変ではない	変ではありません	変だった	変でした	変ではなかった
便利(な) benri(na)	便利です	便利ではない	便利ではありません	便利だった	便利でした	便利ではなかった
まじめ(な) majime(na)	まじめです	まじめではない	まじめではありません	まじめだった	まじめでした	まじめではなかった
無理(な) muri(na)	無理です	無理ではない	無理ではありません	無理だった	無理でした	無理ではなかった
有名(な) yumei(na)	有名です	有名ではない	有名ではありません	有名だった	有名でした	有名ではなかった
楽(な) raku(na)	楽です	楽ではない	楽ではありません	楽だった	楽でした	楽ではなかった

よく使う敬語

●尊敬語

	丁寧語	尊敬語（〜る）	尊敬語（〜ます）
会う au	会います	お会いになる	お会いになります
言う iu	言います	おっしゃる	おっしゃいます
行く iku	行きます	いらっしゃる おいでになる	いらっしゃいます おいでになります
いる iru	います	いらっしゃる おいでになる	いらっしゃいます おいでになります
聞く kiku	聞きます	お聞きになる	お聞きになります
来る kuru	来ます	いらっしゃる おいでになる お見えになる	いらっしゃいます おいでになります お見えになります
くれる kureru	くれます	くださる	くださいます
する suru	します	なさる される	なさいます されます
食べる taberu	食べます	召し上がる お食べになる	召し上がります お食べになります
飲む nomu	飲みます	召し上がる お飲みになる	召し上がります お飲みになります
見る miru	見ます	ご覧になる	ご覧になります

●謙譲語

	丁寧語	謙譲語（〜る）	謙譲語（〜ます）
会う au	会います	お会いする お目にかかる	お会いします お目にかかります
あげる ageru	あげます	差し上げる	差し上げます
ある aru	あります	ござる	ございます
言う iu	言います	申す 申し上げる	申します 申し上げます
行く iku	行きます	伺う 参る	伺います 参ります
いる iru	います	おる	おります
聞く kiku	聞きます	お聞きする 伺う 承る	お聞きします 伺います 承ります
来る kuru	来ます	参る	参ります
くれる kureru	くれます	くださる	くださいます
する suru	します	いたす	いたします
食べる taberu	食べます	いただく ちょうだいする	いただきます ちょうだいします
飲む nomu	飲みます	いただく ちょうだいする	いただきます ちょうだいします
見る miru	見ます	拝見する	拝見します
もらう morau	もらいます	いただく	いただきます
やる yaru	やります	差し上げる	差し上げます

物(もの)の数(かぞ)え方(かた)

	～つ (小(ちい)さい物(もの))	～個(こ) (果物(くだもの)など)	～冊(さつ) (本(ほん)など)	～枚(まい) (紙(かみ)、皿(さら)など)	～人(にん) (人(ひと))
1	1つ　ひとつ hitotsu	1個　いっこ ikko	1冊　いっさつ issatsu	1枚　いちまい ichimai	1人　ひとり hitori
2	2つ　ふたつ hutatsu	2個　にこ niko	2冊　にさつ nisatsu	2枚　にまい nimai	2人　ふたり hutari
3	3つ　みっつ mittsu	3個　さんこ sanko	3冊　さんさつ sansatsu	3枚　さんまい sanmai	3人　さんにん sannin
4	4つ　よっつ yottsu	4個　よんこ yonko	4冊　よんさつ yonsatsu	4枚　よんまい yonmai	4人　よにん yonin
5	5つ　いつつ itsutsu	5個　ごこ goko	5冊　ごさつ gosatsu	5枚　ごまい gomai	5人　ごにん gonin
6	6つ　むっつ muttsu	6個　ろっこ rokko	6冊　ろくさつ rokusatsu	6枚　ろくまい rokumai	6人　ろくにん rokunin
7	7つ　ななつ nanatsu	7個　ななこ nanako	7冊　ななさつ nanasatsu	7枚　ななまい nanamai	7人　ななにん nananin
8	8つ　やっつ yattsu	8個　はちこ hachiko	8冊　はっさつ hassatsu	8枚　はちまい hachimai	8人　はちにん hachinin
9	9つ　ここのつ kokonotsu	9個　きゅうこ kyuko	9冊　きゅうさつ kyusatsu	9枚　きゅうまい kyumai	9人　きゅうにん（くにん） kyunin(kunin)
10	10　とお too	10個　じゅっこ jukko	10冊　じゅっさつ jussatsu	10枚　じゅうまい jumai	10人　じゅうにん junin

	～本（鉛筆、傘など）	～杯（飲み物など）	～台（車、機械など）	～匹（小さい動物）	～頭（大きい動物）
1	1本　いっぽん ippon	1杯　いっぱい ippai	1台　いちだい ichidai	1匹　いっぴき ippiki	1頭　いっとう ittou
2	2本　にほん nihon	2杯　にはい nihai	2台　にだい nidai	2匹　にひき nihiki	2頭　にとう nitou
3	3本　さんぼん sanbon	3杯　さんばい sanbai	3台　さんだい sandai	3匹　さんびき sanbiki	3頭　さんとう santou
4	4本　よんほん yonhon	4杯　よんはい yonhai	4台　よんだい yondai	4匹　よんひき yonhiki	4頭　よんとう yontou
5	5本　ごほん gohon	5杯　ごはい gohai	5台　ごだい godai	5匹　ごひき gohiki	5頭　ごとう gotou
6	6本　ろっぽん roppon	6杯　ろっぱい roppai	6台　ろくだい rokudai	6匹　ろっぴき roppiki	6頭　ろくとう rokutou
7	7本　ななほん nanahon	7杯　ななはい nanahai	7台　ななだい nanadai	7匹　ななひき nanahiki	7頭　ななとう nanatou
8	8本　はっぽん happon	8杯　はっぱい happai	8台　はちだい hachidai	8匹　はっぴき happiki	8頭　はっとう hattou
9	9本　きゅうほん kyuhon	9杯　きゅうはい kyuhai	9台　きゅうだい kyudai	9匹　きゅうひき kyuhiki	9頭　きゅうとう kyutou
10	10本　じゅっぽん juppon	10杯　じゅっぱい juppai	10台　じゅうだい judai	10匹　じゅっぴき juppiki	10頭　じゅっとう juttou

基本単語（きほんたんご）

●家族（かぞく）

※高低（こうてい）イントネーションつき。

父	chichi	ちち	＼	夫	otto	おっと	／
母	haha	はは	＼	妻	tsuma	つま	＼
兄	ani	あに	＼	息子	musuko	むすこ	／
弟	otouto	おとうと	／	娘	musume	むすめ	／
姉	ane	あね	／	両親	ryoushin	りょうしん	＼
妹	imouto	いもうと	／	親子	oyako	おやこ	＼
祖父	sohu	そふ	＼	兄弟	kyoudai	きょうだい	＼
祖母	sobo	そぼ	＼	姉妹	shimai	しまい	＼
孫	mago	まご	／	親戚	shinseki	しんせき	／

●人（ひと）

大人	otona	おとな	男性	dansei	だんせい
子供	kodomo	こども	女性	josei	じょせい
成年	seinen	せいねん	老人	roujin	ろうじん
未成年	miseinen	みせいねん	赤ちゃん	akachan	あかちゃん

●職業（しょくぎょう）

会社員	kaishain	かいしゃいん	学生	gakusei	がくせい
公務員	koumuin	こうむいん	調理師	chourishi	ちょうりし
教師	kyoushi	きょうし	保育士	hoikushi	ほいくし
医者	isha	いしゃ	介護士	kaigoshi	かいごし
看護士	kangoshi	かんごし	運転手	untenshu	うんてんしゅ
弁護士	bengoshi	べんごし	配達員	haitatsuin	はいたついん
警官	keikan	けいかん	事務員	jimuin	じむいん

●乗り物

地下鉄 chikatetsu	ちかてつ	バス basu	ばす
列車 ressha	れっしゃ	タクシー takushi	たくしー
電車 densha	でんしゃ	バイク baiku	ばいく
車 kuruma	くるま	船 hune	ふね
自動車 jidousha	じどうしゃ	自転車 jitensha	じてんしゃ

●駅

改札 kaisatsu	かいさつ	座席 zaseki	ざせき
普通列車 hutsuressha	ふつう れっしゃ	自由席 jiyuseki	じゆうせき
急行列車 kyukouressha	きゅうこう れっしゃ	指定席 shiteiseki	していせき
特急列車 tokkyuressha	とっきゅう れっしゃ	禁煙席 kinenseki	きんえんせき
発車時刻 hasshajikoku	はっしゃ じこく	片道切符 katamichikippu	かたみち きっぷ
到着時刻 touchakujikoku	とうちゃく じこく	往復切符 ouhukukippu	おうふく きっぷ

●空港

入国 nyukoku	にゅうこく	航空券 koukuken	こうくうけん
出国 shukkoku	しゅっこく	荷物棚 nimotsudana	にもつだな
パスポート pasupoto	ぱすぽーと	窓側 madogawa	まどがわ
飛行機 hikouki	ひこうき	通路側 tsurogawa	つうろがわ
国際線 kokusaisen	こくさいせん	座席番号 zasekibangou	ざせき ばんごう
国内線 kokunaisen	こくないせん	旅券番号 ryokenbangou	りょけん ばんごう

家（いえ）

玄関	genkan	げんかん	台所	daidokoro	だいどころ
部屋	heya	へや	洗面所	senmenjo	せんめんじょ
寝室	shinshitsu	しんしつ	風呂場	huroba	ふろば
廊下	rouka	ろうか	トイレ	toire	といれ
階段	kaidan	かいだん	1階	ikkai	いっかい
庭	niwa	にわ	2階	nikai	にかい
駐車場	chushajou	ちゅうしゃじょう	鍵	kagi	かぎ

部屋（へや）

ドア	doa	どあ	テーブル	teburu	てーぶる
窓	mado	まど	椅子	isu	いす
電気	denki	でんき	本棚	hondana	ほんだな
水道	suidou	すいどう	時計	tokei	とけい
ガス	gasu	がす	暖房	danbou	だんぼう
テレビ	terebi	てれび	冷房	reibou	れいぼう
電話	denwa	でんわ	ごみ箱	gomibako	ごみばこ

台所（だいどころ）

冷蔵庫	reizouko	れいぞうこ	箸	hashi	はし
炊飯器	suihanki	すいはんき	スプーン	supun	すぷーん
食器	shokki	しょっき	フォーク	foku	ふぉーく
食器棚	shokkidana	しょっきだな	お皿	osara	おさら
茶碗	chawan	ちゃわん	布巾	hukin	ふきん
湯のみ	yunomi	ゆのみ	雑巾	zoukin	ぞうきん
鍋	nabe	なべ	生ごみ	namagomi	なまごみ

●街(まち)

デパート	depato	でぱーと	会社	kaisha	かいしゃ
銀行	ginkou	ぎんこう	工場	koujou	こうじょう
郵便局	yubinkyoku	ゆうびんきょく	学校	gakkou	がっこう
交番	kouban	こうばん	病院	byouin	びょういん
公園	kouen	こうえん	警察署	keisatsusho	けいさつしょ
図書館	toshokan	としょかん	美術館	bijutsukan	びじゅつかん
映画館	eigakan	えいがかん	教会	kyoukai	きょうかい
市場	ichiba	いちば	寺院，お寺	jiin, otera	じいん、おてら

●店(みせ)

喫茶店	kissaten	きっさてん	コンビニ	konbini	こんびに
菓子店	kashiten	かしてん	スーパー	supa	すーぱー
パン屋	panya	ぱんや	居酒屋	izakaya	いざかや
花屋	hanaya	はなや	食堂	shokudou	しょくどう
薬局	yakkyoku	やっきょく	免税店	menzeiten	めんぜいてん
書店	shoten	しょてん	宝石店	housekiten	ほうせきてん
レストラン	resutoran	れすとらん	化粧品店	keshouhinten	けしょうひんてん

●店内(てんない)の表示(ひょうじ)

入口	iriguchi	いりぐち	禁煙	kinen	きんえん
出口	deguchi	でぐち	御手洗	otearai	おてあらい
非常口	hijouguchi	ひじょうぐち	男子トイレ	danshitoire	だんし といれ
非常階段	hijoukaidan	ひじょう かいだん	女子トイレ	joshitoire	じょし といれ

●お金(かね)

現金 genkin	げんきん	**財布** saihu	さいふ
紙幣 shihei	しへい	**小銭** kozeni	こぜに
硬貨 kouka	こうか	**お釣り** otsuri	おつり
税金 zeikin	ぜいきん	**借金** shakkin	しゃっきん
領収書 ryoushusho	りょうしゅうしょ	**契約書** keiyakusho	けいやくしょ

●買(か)い物(もの)

値段 nedan	ねだん	**無料** muryou	むりょう
価格 kakaku	かかく	**有料** yuryou	ゆうりょう
定価 teika	ていか	**使用料** shiyouryou	しようりょう
本体価格 hontaikakaku	ほんたい かかく	**サービス料** sabisuryou	さーびすりょう
税込価格 zeikomikakaku	ぜいこみ かかく	**電子決済** denshikessai	でんし けっさい
消費税 shouhizei	しょうひぜい	**支払い** shiharai	しはらい

●振(ふ)り込(こ)み、引(ひ)き落(お)とし

銀行口座 ginkoukouza	ぎんこう こうざ	**給料** kyuryou	きゅうりょう
口座番号 kouzabangou	こうざ ばんごう	**給与明細** kyuyomeisai	きゅうよ めいさい
暗証番号 anshoubangou	あんしょう ばんごう	**公共料金** koukyouryoukin	こうきょう りょうきん
口座名義 kouzameigi	こうざ めいぎ	**家賃** yachin	やちん
口座通帳 kouzatsuchou	こうざ つうちょう	**手数料** tesuryou	てすうりょう

体

顔	kao	かお	頭	atama	あたま
目	me	め	胃	i	い
耳	mimi	みみ	腸	chou	ちょう
鼻	hana	はな	心臓	shinzou	しんぞう
口	kuchi	くち	肝臓	kanzou	かんぞう
歯	ha	は	腎臓	jinzou	じんぞう
喉	nodo	のど	腕	ude	うで
胸	mune	むね	手	te	て
お腹	onaka	おなか	脚	ashi	あし
腰	koshi	こし	足	ashi	あし

病院、薬

医者	isha	いしゃ	検査	kensa	けんさ
看護士	kangoshi	かんごし	手術	shujutsu	しゅじゅつ
薬剤師	yakuzaishi	やくざいし	入院	nyuin	にゅういん
外科	geka	げか	退院	taiin	たいいん
内科	naika	ないか	薬	kusuri	くすり
胃腸科	ichouka	いちょうか	風邪薬	kazegusuri	かぜぐすり
婦人科	hujinka	ふじんか	解熱剤	genetsuzai	げねつざい
小児科	shounika	しょうにか	鎮痛剤	chintsuzai	ちんつうざい
歯科	shika	しか	食前	shokuzen	しょくぜん
耳鼻科	jibika	じびか	食後	shokugo	しょくご
病気	byouki	びょうき	怪我	kega	けが

●食べ物

ご飯	gohan	ごはん	**果物**	kudamono	くだもの
米	kome	こめ	**お菓子**	okashi	おかし
寿司	sushi	すし	**パン**	pan	ぱん
蕎麦	soba	そば	**卵**	tamago	たまご
天ぷら	tenpura	てんぷら	**おでん**	oden	おでん
魚	sakana	さかな	**肉**	niku	にく
焼き魚	yakizakana	やきざかな	**牛肉**	gyuniku	ぎゅうにく
刺し身	sashimi	さしみ	**豚肉**	butaniku	ぶたにく
野菜	yasai	やさい	**鶏肉**	toriniku	とりにく

●飲み物

水	mizu	みず	**お酒**	osake	おさけ
お茶	ocha	おちゃ	**日本酒**	nihonshu	にほんしゅ
緑茶	ryokucha	りょくちゃ	**ビール**	biru	びーる
麦茶	mugicha	むぎちゃ	**コーヒー**	kohi	こーひー
味噌汁	misoshiru	みそしる	**紅茶**	koucha	こうちゃ

●趣味、スポーツ

映画	eiga	えいが	**野球**	yakyu	やきゅう
演劇	engeki	えんげき	**卓球**	takkyu	たっきゅう
音楽	ongaku	おんがく	**水泳**	suiei	すいえい
読書	dokusho	どくしょ	**写真**	shashin	しゃしん

●衣類、身の回りの物

服	huku	ふく	学生証	gakuseishou	がくせいしょう
上着	uwagi	うわぎ	財布	saihu	さいふ
下着	shitagi	したぎ	腕時計	udedokei	うでどけい
長袖	nagasode	ながそで	指輪	yubiwa	ゆびわ
半袖	hansode	はんそで	香水	kousui	こうすい
靴下	kutsushita	くつした	靴	kutsu	くつ
帽子	boushi	ぼうし	傘	kasa	かさ
身分証明書	mibunshoumeisho	みぶん しょうめいしょ	運転免許証	untenmenkyoshou	うんてん めんきょしょう

●学校

先生	sensei	せんせい	教科書	kyoukasho	きょうかしょ
生徒	seito	せいと	ノート	noto	のーと
授業	jugyou	じゅぎょう	予習	yoshu	よしゅう
試験	shiken	しけん	復習	hukushu	ふくしゅう
成績	seiseki	せいせき	鞄	kaban	かばん
宿題	shukudai	しゅくだい	制服	seihuku	せいふく
机	tsukue	つくえ	体育館	taiikukan	たいいくかん
椅子	isu	いす	運動場	undoujou	うんどうじょう
黒板	kokuban	こくばん	保健室	hokenshitsu	ほけんしつ
教室	kyoushitsu	きょうしつ	職員室	shokuinshitsu	しょくいんしつ

●工場の掲示

禁煙	kinen	きんえん	出入禁止	deirikinshi	でいり きんし
点検中	tenkenchu	てんけんちゅう	駐車禁止	chushakinshi	ちゅうしゃ きんし
修理中	shurichu	しゅうりちゅう	頭上注意	zujouchui	ずじょう ちゅうい
安全第一	anzendaiichi	あんぜん だいいち	足元注意	ashimotochui	あしもと ちゅうい

日本の 47 都道府県、主な都市

北海道 hokkaidou	ほっかいどう	札幌市 sapporoshi	さっぽろ し
青森県 aomoriken	あおもり けん	青森市 aomorishi	あおもり し
岩手県 iwateken	いわて けん	盛岡市 moriokashi	もりおか し
宮城県 miyagiken	みやぎ けん	仙台市 sendaishi	せんだい し
秋田県 akitaken	あきた けん	秋田市 akitashi	あきた し
山形県 yamagataken	やまがた けん	山形市 yamagatashi	やまがた し
福島県 hukushimaken	ふくしま けん	福島市 hukushimashi	ふくしま し
茨城県 ibarakiken	いばらき けん	水戸市 mitoshi	みと し
栃木県 tochigiken	とちぎ けん	宇都宮市 utsunomiyashi	うつのみや し
群馬県 gunmaken	ぐんま けん	前橋市 maebashishi	まえばし し
埼玉県 saitamaken	さいたま けん	さいたま市 saitamashi	さいたま し
千葉県 chibaken	ちば けん	千葉市 chibashi	ちば し
東京都 toukyouto	とうきょう と	東京 toukyou	とうきょう
神奈川県 kanagawaken	かながわ けん	横浜市 yokohamashi	よこはま し
新潟県 nigataken	にいがた けん	新潟市 nigatashi	にいがた し
富山県 toyamaken	とやま けん	富山市 toyamashi	とやま し
石川県 ishikawaken	いしかわ けん	金沢市 kanazawashi	かなざわ し
福井県 hukuiken	ふくい けん	福井市 hukuishi	ふくい し
山梨県 yamanashiken	やまなし けん	甲府市 kouhushi	こうふ し
長野県 naganoken	ながの けん	長野市 naganoshi	ながのし
岐阜県 gihuken	ぎふ けん	岐阜市 gihushi	ぎふ し
静岡県 shizuokaken	しずおか けん	静岡市 shizuokashi	しずおか し
愛知県 aichiken	あいち けん	名古屋市 nagoyashi	なごや し
三重県 mieken	みえ けん	津市 tsushi	つ し
滋賀県 shigaken	しが けん	大津市 otsushi	おおつ し
京都府 kyoutohu	きょうと ふ	京都市 kyoutoshi	きょうと し
大阪府 osakahu	おおさか ふ	大阪市 osakashi	おおさか し
兵庫県 hyougoken	ひょうご けん	神戸市 koubeshi	こうべ し
奈良県 naraken	なら けん	奈良市 narashi	なら し
和歌山県 wakayamaken	わかやま けん	和歌山市 wakayamashi	わかやま し
鳥取県 tottoriken	とっとり けん	鳥取市 tottorishi	とっとり し
島根県 shimaneken	しまね けん	松江市 matsueshi	まつえ し

岡山県 okayamaken	おかやま けん	岡山市 okayamashi	おかやま し
広島県 hiroshimaken	ひろしま けん	広島市 hiroshimashi	ひろしま し
山口県 yamaguchiken	やまぐち けん	山口市 yamaguchishi	やまぐち し
徳島県 tokushimaken	とくしま けん	徳島市 tokushimashi	とくしま し
香川県 kagawaken	かがわ けん	高松市 takamatsushi	たかまつ し
愛媛県 ehimeken	えひめ けん	松山市 matsuyamashi	まつやま し
高知県 kouchiken	こうち けん	高知市 kouchishi	こうち し
福岡県 hukuokaken	ふくおか けん	福岡市 hukuokashi	ふくおか し
佐賀県 sagaken	さが けん	佐賀市 sagashi	さが し
長崎県 nagasakiken	ながさき けん	長崎市 nagasakishi	ながさき し
熊本県 kumamotoken	くまもと けん	熊本市 kumamotoshi	くまもと し
大分県 oitaken	おおいた けん	大分市 oitashi	おおいた し
宮崎県 miyazakiken	みやざき けん	宮崎市 miyazakishi	みやざき し
鹿児島県 kagoshimaken	かごしま けん	鹿児島市 kagoshimashi	かごしま し
沖縄県 okinawaken	おきなわ けん	那覇市 nahashi	なは し

日本人に多い名字

※高低イントネーションつき。

阿部	あべ　／	齋藤	さいとう　／	林	はやし　／
石井	いしい　／	坂本	さかもと　／	藤田	ふじた　＼
伊藤	いとう　／	佐々木	ささき　／	前田	まえだ　／
井上	いのうえ　／	佐藤	さとう　＼	松本	まつもと　／
遠藤	えんどう　＼	清水	しみず　＼	村上	むらかみ　／
岡田	おかだ　／	鈴木	すずき　／	望月	もちづき　／＼
小川	おがわ　／	高橋	たかはし　／＼	森田	もりた　＼
小野	おの　／	田中	たなか　／	安田	やすだ　／
加藤	かとう　＼	中島	なかじま　／	山口	やまぐち　／＼
木村	きむら　／	中村	なかむら　／	山田	やまだ　／
工藤	くどう　＼	西村	にしむら　／＼	山本	やまもと　／
小池	こいけ　／	野田	のだ　／	吉田	よしだ　／
後藤	ごとう　／	橋本	はしもと　／	和田	わだ　／
小林	こばやし　／	浜田	はまだ　＼	渡辺	わたなべ　／

著者
徳山隆（とくやま・たかし）

東京都江戸川区にある日本語学校・東洋言語学院（滋慶学園グループ）の学校長を長年務める。
慶應義塾大学文学部哲学科（美学美術史学専攻）、東京芸術大学音楽学部邦楽科（尺八専攻第一期生）卒業。昭和女子大学大学院言語コミュニケーション（日本語・日本語教育第一期生）専攻修士課程修了。
大学卒業後、ザルツブルグやニューデリーに滞在し、ドイツ語やインド音楽を学ぶ。
帰国後は、高校などで倫理、英語、日本語教育などに携わりながら、参加体験型の自己啓発プログラムの講師を務め、1万人以上を担当。
また、禅尺八の200余曲を集大成し、アメリカ・ヨーロッパを含む国内外で100回を超える独奏会を行うなど活動中。

著書
『たったの72パターンでこんなに話せる日本語（英語、中国語、韓国語、ベトナム語版）』（明日香出版社）

協力
ウイップル道子
ルイズ・ルイズ・ジュリオ
高野ヴィルジーニア聖子
ジャリー・アナスタシア
欧米・アジア語学センター

たったの72パターンでこんなに話せる日本語
（英語、スペイン語、ポルトガル語、フランス語版）

2023年10月29日　初版発行
2024年 2月 9日　第3刷発行

著者　徳山隆
発行者　石野栄一
発行　明日香出版社
〒112-0005 東京都文京区水道2-11-5
電話 03-5395-7650
https://www.asuka-g.co.jp
カバーデザイン　渡邉民人（TYPE FACE）
カバーイラスト　草田みかん
本文イラスト　たかおかおり
印刷・製本　株式会社フクイン

ISBN 978-4-7569-2292-2

ポルトガル語会話フレーズブック

カレイラ松崎順子／フレデリコ・カレイラ

日常生活で役立つ会話フレーズを約 2900 収録。場面別・状況別に、よく使う会話表現を掲載。海外赴任・留学・旅行・出張で役立つ表現も掲載。本書では、ブラジルのポルトガル語とヨーロッパのポルトガル語の両方の表現を掲載しています。

本体価格 2900 円＋税　B6 変型　〈336 ページ〉　2006/12 発行　978-4-7569-1032-5

ベトナム語会話フレーズブック

欧米・アジア語学センター

日常生活で役立つ会話フレーズを約 2900 収録。場面別・状況別に、よく使う会話表現を掲載。交流・旅行・仕事・工場などで役立つ表現も掲載。音声ダウンロードつき。

本体価格 2900 円＋税　B6 変型　〈352 ページ〉　2019/03 発行　978-4-7569-2021-8

台湾語会話フレーズブック

趙怡華：著
陳豐惠：監修

『はじめての台湾語』の著者が書いた、日常会話フレーズ集です。シンプルで実用的なフレーズを場面別･状況別にまとめました。台湾の公用語（台湾華語）と現地語（台湾語）の両方の表現を掲載しています。様々なシーンで役立ちます。音声ダウンロードつき。

本体価格 2900 円＋税　B6 変型　〈424 ページ〉　2010/06 発行　978-4-7569-1391-3